ずかん ★見ながら学習 調べてなっとく

路線バス大全

加藤佳一・著

技術評論社

🚌 もくじ

はじめに ⋯⋯⋯⋯⋯⋯⋯⋯⋯⋯⋯ 4

第1章 路線バスの楽しみ方 ⋯⋯⋯ 5

全国を駆け巡る路線バス ① 北海道 ⋯⋯⋯⋯⋯ 6

Column 日本最北端・最東端のバス停 ⋯⋯⋯ 7

全国を駆け巡る路線バス ② 東北 ⋯⋯⋯⋯⋯⋯ 8

全国を駆け巡る路線バス ③ 関東 ⋯⋯⋯⋯⋯ 10

全国を駆け巡る路線バス ④ 中部 ⋯⋯⋯⋯⋯ 12

全国を駆け巡る路線バス ⑤ 近畿 ⋯⋯⋯⋯⋯ 14

Column 日本一長いバス路線 ⋯⋯⋯⋯⋯ 15

全国を駆け巡る路線バス ⑥ 中国 ⋯⋯⋯⋯⋯ 16

全国を駆け巡る路線バス ⑦ 四国 ⋯⋯⋯⋯⋯ 18

Column 世界唯一のDMV ⋯⋯⋯⋯⋯⋯ 19

全国を駆け巡る路線バス ⑧ 九州・沖縄 ⋯⋯ 20

Column 日本最南端・最西端のバス停 ⋯⋯ 21

路線バスの使い方 ① 多区間運賃と均一運賃 ⋯ 22

路線バスの使い方 ②
中乗り後払いと前乗り先払い ⋯⋯⋯⋯⋯⋯⋯ 24

路線バスの使い方 ③ 磁気式カードとICカード 26

路線バスの使い方 ④ 一日乗車券とフリー切符 28

路線バスの使い方 ⑤ ホームページの路線図の見方 ⋯ 30

路線バスの使い方 ⑥ ホームページの時刻表の見方 ⋯ 32

Column 貨客混載 ⋯⋯⋯⋯⋯⋯⋯⋯⋯ 34

第2章 路線バスの成り立ち ⋯⋯⋯ 35

路線バス発達史 ① 1900〜30年代 ⋯⋯⋯⋯ 36

路線バス発達史 ② 1940年代 ⋯⋯⋯⋯⋯⋯ 38

路線バス発達史 ③ 1950年代 ⋯⋯⋯⋯⋯⋯ 40

路線バス発達史 ④ 1960年代 ⋯⋯⋯⋯⋯⋯ 42

路線バス発達史 ⑤ 1970年代 ⋯⋯⋯⋯⋯⋯ 44

路線バス発達史 ⑥ 1980年代 ⋯⋯⋯⋯⋯⋯ 46

路線バス発達史 ⑦ 1990年代 ⋯⋯⋯⋯⋯⋯ 48

路線バス発達史 ⑧ 2000年代 ⋯⋯⋯⋯⋯⋯ 50

路線バス発達史 ⑨ 2010年代以降 ⋯⋯⋯⋯ 52

Column 「2024年問題」とは ⋯⋯⋯⋯⋯ 53

路線バスの走行環境 ① バス営業所 ⋯⋯⋯⋯ 54

路線バスの走行環境 ② バスターミナル ⋯⋯ 56

路線バスの走行環境 ③ バス停 ⋯⋯⋯⋯⋯⋯ 58

Column ターンテーブル ⋯⋯⋯⋯⋯⋯ 59

路線バスの走行環境 ④
バスロケーションシステム ⋯⋯⋯⋯⋯⋯⋯ 60

Column バスレーンとPTPS ⋯⋯⋯⋯⋯ 61

路線バスの走行環境 ⑤ BRT ⋯⋯⋯⋯⋯⋯ 62

Column ガイドウェイバス ⋯⋯⋯⋯⋯ 63

路線バス営業上の決まり ①
そもそも乗合バスって何？ ⋯⋯⋯⋯⋯⋯⋯ 64

路線バス営業上の決まり ②
新路線開業のステップ ⋯⋯⋯⋯⋯⋯⋯⋯⋯ 66

路線バス営業上の決まり ③
相互乗り入れと共同運行 ⋯⋯⋯⋯⋯⋯⋯⋯ 68

路線バス営業上の決まり ④ 管理の受委託 ⋯⋯ 70

路線バス営業上の決まり ⑤ コミュニティバス ⋯ 72

Column 白ナンバーのバス ⋯⋯⋯⋯⋯ 73

Column フリー乗降制 ⋯⋯⋯⋯⋯⋯⋯ 74

第3章 路線バスの車両 …… 75

- 路線バス車両の種類① 路線バスのメーカー …… 76
- 路線バス車両の種類② ボンネットバス …… 78
- 路線バス車両の種類③ キャブオーバーバス …… 80
- 路線バス車両の種類④ センターアンダーフロアエンジンバス …… 82
- 路線バス車両の種類⑤ リヤエンジンバス …… 84
- 路線バス車両の種類⑥ リフトつきバス …… 86
- 路線バス車両の種類⑦ ワンステップバス …… 88
- 路線バス車両の種類⑧ ノンステップバス …… 90
- 路線バス車両の種類⑨ 電気式ハイブリッドバス …… 92
- 路線バス車両の種類⑩ 蓄圧式ハイブリッドバス …… 94
- 路線バス車両の種類⑪ CNGバス …… 96
- 路線バス車両の種類⑫ 燃料電池バス …… 98
- 路線バス車両の種類⑬ 電気バス …… 100
  - Column 実は電車？ トロリーバス …… 102
  - Column 沖縄県の"730車"とは？ …… 103
- 路線バス車両の種類⑭ 小型バス …… 104
- 路線バス車両の種類⑮ 中型バス …… 106
  - Column "チョロQ"と呼ばれた中型7m車 …… 107
- 路線バス車両の種類⑯ 中型ロングバス …… 108
- 路線バス車両の種類⑰ 大型バス …… 110
- 路線バス車両の種類⑱ 連節バス …… 112
  - Column 連節バスとトレーラーバス …… 113
- 路線バス車両の装備① エンジンとサスペンション …… 114
- 路線バス車両の装備② 空調装置 …… 116
- 路線バス車両の装備③ ワンマン装置 …… 118

- 路線バス車両の装備④ 行先表示器 …… 120
  - Column 首都圏等に見られる最終バス表示 …… 121
- 路線バス車両の装備⑤ 運賃箱 …… 122
- 路線バス車両の装備⑥ 座席 …… 124
  - Column "ワンロマ"って何？ …… 125
  - Column 路線バスの自動運転 …… 126

第4章 路線バスを支える人たち … 127

- バスの運転士になるには …… 128
  - Column 担当車制とフリー担当制 …… 129
- バスの整備士になるには …… 130
  - Column 整備部門の別会社化 …… 130
- 神姫バス 三田営業所 指導運転士：西村健さん
  - 路線バス運転士の一日 …… 132
- 西武バス 練馬営業所 整備士長：清水亮弘さん
  - バス整備士の一日 …… 136
- 神奈川中央交通 中山営業所 運転士：三浦優輝さん
  - バス運転士という生き方 …… 140
- 東急バス 目黒営業所 運転士：横山範子さん
  - バス運転士という生き方 …… 144
- 山梨交通 本社工場 整備士：中込芳博さん
  - バス整備士という生き方 …… 148
- しずてつジャストライン 安全研修センター 副所長：小川和浩さん
  - 研修センターの教官という生き方 …… 152

索引 …… 156

※この本に掲載した法令、路線、運賃などはすべて2024年4月現在のものです。

はじめに

　バスという言葉の語源はラテン語のomnibus（オムニバス）で、「すべての人のために」という意味があります。日本ではその名のとおり、多くの人々を運べる自動車のことをバスと呼んでいます。とはいえ、みなさんが思い浮かべるバスは、自宅の前を走っている路線バス、家族旅行のときに乗った高速バス、学校の遠足のときに乗った観光バス、通園や通学の送迎をしてくれる幼稚園バスやスクールバスなど、人それぞれでしょう。このずかんではこれらのうち、路線バスについて詳しく紹介していきます。

　利用者から運賃をもらって、決まった路線を決まった時刻に運行するバスを乗合バスと言います。そしてこの乗合バスのうち、高速道路ではなく一般道を走っているものの通称が路線バスです。

　路線バスは北海道から九州・沖縄まで、また大都市から地方まで、さまざまな土地で活躍しています。それぞれの地域の特徴を知って、乗降方法なども理解することで、路線バスに乗ることが楽しくなるでしょう。また路線バスは1903年に初めて日本国内に開業し、120年以上にわたって走り続けています。そうした歴史と走行環境などを学ぶことで、バス事業者（民間のバス会社と公営バスの総称）やバス路線が現在の形になっている理由がわかると思います。自動車としてのバスに興味がある人は、大きさやスタイル、燃料などによるバスの分類を把握し、乗用車にはない路線バス特有の装備品についても知識を広げてみましょう。また将来、路線バスに携わる仕事がしたいと考えている人は、現役の運転士や整備士の仕事を覗いてみてください。

　このずかんを読んだみなさんが、日本のバスについての興味をますます深め、将来、身近な路線バスだけでなく、全国の路線バスを乗り歩く旅を楽しんだり、バス事業者を職場として、自分自身がバスを運転したり、整備したり、新路線を考えたりするような大人になってくれることを願っています。

2024年10月　加藤佳一

第1章

路線バスの楽しみ方

西表島交通の路線バス。

路線バスは北海道から九州・沖縄まで、全国を駆け巡っています。
この章では路線バスが走るさまざまな町の風景と
その町で路線バスを運行する事業者を紹介します。
また地域ごとに異なるバスに乗るためのルールと
上手に使うコツも解説します。

第1章 全国を駆け巡る路線バス①

北海道

函館バス
函館バスは道南の渡島・檜山地方の路線バスを運行しています。亀田半島南側の海岸線は険しく、函館と恵山を結ぶバスは、1929年に開通した「日浦洞門」という素掘りのトンネルをくぐります。

じょうてつ
1969年まで白石と定山渓を結んでいた定山渓鉄道がルーツのバス事業者です。現在は札幌市南部の路線バスを運行しており、札幌駅行きは「札幌時計台」（旧札幌農学校演武場）の前も通過します。

北海道中央バス
北海道中央バスは札幌市を中心に、石狩・空知・後志地方にまたがる広い範囲で路線バスを運行しています。三笠市の幾春別には、1971年に閉山になった住友奔別炭鉱の立坑櫓が残っています。

　広大な大地に豊かな自然が残る北海道では、路線バスの車窓からも美しい風景を眺めることができます。そのぶん人口密度が低く、路線バスの運行本数は決して多くはありません。人口の減少とともに国鉄のローカル線が赤字となり、1980年代にその多くが廃止されました。代わりの交通手段として路線バスが運行されたため、比較的長い距離を走る路線が多いことも特徴と言えるでしょう。
　北海道の冬の寒さは厳しく、とくに積雪量の多い地域もあります。また美しい風景を求めて訪れる観光客も、春から秋を選ぶ人がほとんどです。それに合わせて路線バスも、春から秋と秋から春で異なるダイヤを組んでいる路線が見られます。
　一方、道庁所在地の札幌市とその周辺には人口が集中しており、通勤通学にバスを利用する人がたくさんいます。JRや地下鉄の駅と住宅地を結ぶ路線では、朝夕を中心にとても短い間隔でバスが運行されています。本州に比べると全体的に道幅が広いことから、本州の大都市より全長の長い大型バスが通勤通学客を乗せて活躍しています。

A：ジェイ・アール北海道バス
JR北海道のバス部門が分社されてできた事業者で、札幌都市圏と深名線・日勝線のバスを運行しています。日勝線が走る日高地方は競走馬・サラブレッドの産地で、車窓からも牧場が見られます。

B：根室交通
根室市を拠点とする根室交通は、日本最東端の路線バス事業者です。根室半島の付け根にある花咲港には、根室半島周辺などに生息する花咲ガニが水揚げされ、食堂や売店の店先で売られています。

C：ふらのバス
旭川電気軌道が富良野地区の路線維持のため、富良野市と共同出資して設立した事業者です。富良野市内〜旭川空港〜旭川駅を結ぶ快速「ラベンダー号」には、高速バスタイプの車両も使用されます。

D：宗谷バス
稚内市を拠点とする宗谷バスは、日本最北端の路線バス事業者で、日本海に浮かぶ利尻島・礼文島にも路線を持っています。礼文島の北端のスコトン岬付近では、高山植物が自生する丘を走ります。

Column 日本最北端・最東端のバス停

北海道には北方領土を除くと日本最北端の宗谷岬、最東端の納沙布岬があります。宗谷バス天北宗谷岬線の「宗谷岬」は日本最北端のバス停、根室交通納沙布線の「納沙布岬」は最東端のバス停で、観光シーズンには多くの旅行者が訪れます。

稚内ターミナル〜浜頓別ターミナル間を結ぶ宗谷バス天北宗谷岬線の途中にある宗谷岬バス停。

納沙布岬バス停は、根室駅前ターミナル〜納沙布岬間を結ぶ根室交通納沙布線の終点です。

第1章 全国を駆け巡る路線バス②
東北

岩手県交通
岩手県の南側3分の2を占める、広い範囲で路線バスを運行しているのが岩手県交通です。盛岡駅から北西に延びる路線は、乳製品のブランドとして名高い「小岩井農場」の牧草地も走ります。

　東北を南北に貫く東北新幹線と東北自動車道の沿線には、多くの人々が住んでいます。なかでも仙台市は、東北6県の中心として賑わっており、人口が集中していることから、JRや地下鉄の駅と住宅地を結ぶバスが頻繁に運行されています。
　三陸地方には漁業で栄えた町が点在していますが、高速道路の建設は遅れていました。そのため新幹線が開通すると、盛岡駅と三陸地方を一般道経由で結ぶ特急バスが何路線も運行されました。特急バスには高速タイプの車両が使用されます。

　ローカルバスは平野部から山間部に向け、路線が放射状に広がっている例がほとんどです。ローカルバスの乗客は、高校生と通院のお年寄りが中心となっています。こうした利用状況に合わせ、土日祝日には全便運休となる路線も見られます。
　山間部には有名な温泉がいくつもあり、日本全国や海外から観光客が訪れます。そうした観光客を運ぶのも路線バスの仕事で、新緑や紅葉などの季節にはとくに賑わいます。ただし冬は深い雪に閉ざされるため、運休となる路線もあります。

岩手県北自動車
岩手県北自動車は、岩手県の北側3分の1や青森県八戸市で路線バスを運行しています。雪深い高原の八幡平では冬季の間、松川温泉に行く路線に四輪駆動のボンネットバスが使用されています。

弘南バス
青森県弘前市を拠点とする弘南鉄道のグループ会社で、津軽地方の路線バスを運行しています。五所川原～小泊線は小説家・太宰治ゆかりの地を結んでおり、生家「斜陽館」の前も走っています。

浮田産業交通
秋田県男鹿市の路線バスは、男鹿市がバス会社やタクシー会社に運行を委託しています。浮田産業交通に委託している男鹿北線は、終点の男鹿水族館バス停付近で岩礁が荒々しい海岸を走ります。

福島交通
福島県は東から、浜通り、中通り、会津に分かれ、福島交通は中通り全域と浜通り北部で路線バスを運行しています。郡山市の平日朝夕のバスは利用者が多く、郡山駅を発車したバスが長い列をつくります。

仙台市交通局
仙台市交通局は仙台の地下鉄とバスを営業しています。仙台市北部の泉区は市の中心部に通勤通学する人が暮らすベッドタウンで、朝夕にはバイパス経由で所要時間を短縮する快速便が走ります。

ミヤコーバス
ミヤコーバスは宮城交通の子会社で、仙台都市圏以外のバスを運行しています。2011年の東日本大震災で津波に襲われた牡鹿半島では、人々の暮らしを津波から守るため高い堤防が築かれました。

第1章 全国を駆け巡る路線バス③

関東

東京BRT
東京BRTは東京の都心と臨海副都心を結ぶ路線を運行するバス事業者です。晴海運河に架かる豊洲大橋を渡る背後には、東京オリンピックの選手村跡地に建設された「HARUMI FLAG」が見えます。

東京都交通局
東京都交通局は東京の地下鉄、路面電車、バスなどを営業しています。「東京スカイツリー®」がそびえる墨田区や江東区は、南北に走る鉄道が少ないため、都営バスが通勤通学の足になっています。

　東京都の人口は1,400万人を超え、全国の11％の人々が住んでいます。東京都と神奈川・千葉・埼玉の各県の人口密度はとても高く、バス路線が網の目のように張り巡らされています。交通手段の中心は鉄道ですが、鉄道路線のほとんどが東京から放射状に広がっているため、それらの鉄道同士を結ぶのは路線バスの役割です。また駅を起点として、住宅地や文教地区、工業地域を高頻度のダイヤで結ぶ短距離路線は、通勤や通学の大切な足となっています。さらに、住宅地には大型車が入れない狭い道路も多く、自治体が小型車によるコミュニティバス（→72ページ）を営業している例が多いことも特徴です。

　神奈川・千葉・埼玉の各県の東京から離れた地域や、茨城・栃木・群馬の各県の路線バスの多くは、JRの駅と周辺の集落を結んでいます。利用者はほかの地方と同じように、高校生と通院の高齢者が中心です。ただし、日光や箱根、鎌倉といった国際的な観光地のほか、温泉などの観光資源も少なくありません。そのため、土日祝日を中心に多くの観光客が路線バスを利用しています。

A：京浜急行バス
京浜急行電鉄のバス部門が分社されてできた事業者で、京浜急行沿線のバスを営業しています。エリア内には羽田空港があり、空港利用者のための一般路線バスと高速バスも数多く運行しています。

B：川崎市交通局
川崎市交通局は川崎市内のバスを営業しています。川崎市の市域は多摩川に沿って細長く、上流側は住宅が密集していますが、下流側は日本屈指の工業地帯で、朝夕には多くの通勤客が利用します。

C：横浜市交通局
横浜市交通局は横浜の地下鉄とバスを営業しています。一般路線のほか観光スポット周遊バス「あかいくつ」を運行しており、路面電車風のレトロなバスで、横浜の散策を楽しむことができます。

D：江ノ電バス
江ノ島電鉄のバス部門が分社されてできた事業者ですが、電車が走る鎌倉市・藤沢市のほか、横浜市南部にも路線があります。横浜市から鎌倉駅に向かうバスは、鶴岡八幡宮の鳥居の前を走ります。

東武バス日光
東武鉄道のバス部門が分社されてできた5つの事業者の1つです。路線はJR日光駅・東武日光駅と中禅寺温泉や湯元温泉を結んでおり、中禅寺湖、男体山、戦場ヶ原などを車窓に見ることができます。

第1章 全国を駆け巡る路線バス④
中部

名古屋市交通局
名古屋市交通局は名古屋の地下鉄とバスを営業しています。バスレーンで定時性を確保し、高頻度運転を行う基幹バスを運行しており、その2号系統はバスレーンが道路中央に設けられています。

　中部地方の中心は愛知県の名古屋市で、周辺の各市と合わせ、多くの人々が暮らしています。JRや地下鉄・名鉄の各駅と住宅地や商業地域、工業地域を結ぶ短距離路線がネットワークを形成し、通勤通学客の足となっています。また専用の高架を走るガイドウェイバス、道路中央のバスレーンを走る基幹バスなど、全国でも名古屋市にしかないユニークなバスサービスが行われています。
　その他の県のバス路線は、県庁所在地や、それに準じた大きな都市を中心に広がっています。各都市を中心にした文化圏ごとに、路線バスを運行する事業者も異なっていることが特徴です。また国際的な観光地・金沢のほか、高山、松本、静岡など市内に観光スポットが点在する城下町があり、観光客向けの観光周遊バスも運行されています。
　山間部にも有名な観光地がたくさんあり、春から秋にかけて多くの人たちが訪れます。このうち富士山、上高地、乗鞍高原では、自然環境を保護するために、マイカーの乗り入れを規制してシャトルバスに乗り換える施策がとられています。

北鉄金沢バス
北陸鉄道には路線バスの地域分社が5社あり、北鉄金沢バスは金沢市内を中心に運行しています。金沢城石川門を見上げる兼六園下は、市内観光の中心地で、四季を通して旅行者の姿があります。

京福バス
京福バスは嶺北地方と呼ばれる福井県北部で路線バスを運行しています。路線は福井市周辺の住宅地を網羅しているほか、日本海に沿って東尋坊から越前海岸まで続き、美しい車窓が楽しめます。

新潟交通佐渡
新潟交通の佐渡島島内が分社された事業者で、島の南西の一部区間を除いて外周路線がつながっています。島の北端には標高167mの一枚岩「大野亀」がそびえ、トビシマカンゾウが群生しています。

北越後観光バス
越後交通の子会社で、栃尾・小千谷・柏崎を拠点に路線バスを運行しています。栃尾には家々が庇を歩道まで伸ばした雁木が残っており、雪国ならでは街並みがバスの車窓からも眺められます。

豊鉄バス
豊橋鉄道のバス部門が分社されてできた事業者で、豊橋市・豊川市・新城市・田原市などに路線があります。田原市がある渥美半島には菜の花畑が広がり、早春に「菜の花まつり」が開催されます。

東海バス
東海バスは伊豆半島と三島市・沼津市・箱根町などで路線バスを運行しています。至るところで車窓に富士山を望むことができ、沼津港の対岸の西浦あたりからの眺めはとくに迫力があります。

第1章 全国を駆け巡る路線バス⑤

近畿

神姫バス
神姫バスは神戸や姫路などを拠点に兵庫県南部で営業しています。高台の住宅地に向かうバスからは明石海峡大橋が望めますが、神姫バスには橋を渡って淡路島や四国に行く高速バスもあります。

京都市交通局
京都市交通局は京都の地下鉄とバスを営業しています。橙色で200番台の系統番号を表示する路線は市街地を循環する幹線で、世界遺産・東寺の五重塔をはじめ京都らしい車窓を見ることができます。

　近畿地方の中心である大津〜京都〜大阪〜神戸〜姫路間、京都〜奈良〜大阪間は、JRと私鉄が並走しており、沿線に多くの人々が住んでいます。路線バスはJRと私鉄、双方の駅に発着しながら、周辺の住宅地を結んでいます。京都や奈良は国際的な観光地でもあり、とくに京都市中心部には多くの観光客が押し寄せているため、路線バスの日常的な混雑が問題になっています。瀬戸内海に浮かぶ淡路島は明石海峡大橋で本土と結ばれ、橋を渡る路線バスは通勤通学客も利用しています。
　三重県北部は名古屋市のベッドタウンで、駅と住宅地を結ぶ路線バスが通勤通学輸送を行っています。三重県南部には伊勢志摩や鳥羽という観光地があり、路線バスは観光輸送も担っています。太平洋に臨む和歌山県南部、日本海に臨む京都府と兵庫県の北部は人口密度が低いものの、自然豊かな観光スポットや伝統ある温泉地に恵まれ、四季を通じて路線バスを利用する観光客の姿が見られます。和歌山県新宮市と奈良県橿原市を結ぶバスは、一般道の路線としては日本最長距離です。

A：京都京阪バス
京都市南部と木津川右岸の地域にバス路線を持つ事業者です。滋賀県に近い宇治田原町は緑茶の産地として知られ、3〜12月の土日祝日に町内の観光スポットを結ぶ「宇治茶バス」が運行されます。

B：丹後海陸交通
丹後海陸交通は京都府北部でバスと観光船、ケーブルカーなどを営業しています。宮津市の伊根集落には、1階に船を収納できる「舟屋」が残っており、ワゴンタイプの小型バスが集落内を走っています。

C：近鉄バス
近鉄電車沿線の中河内・南河内と京都市南部、北摂地域で路線バスを運行している事業者です。中河内の四条畷駅と東花園駅との間は、住宅が密集している狭い道をバスが10分間隔で走る幹線です。

D：神戸市交通局
神戸市交通局は神戸の地下鉄とバスを営業しています。1980年代に延長された地下鉄の終着駅・西神中央には、新しい住宅地が次々に造成され、住宅地の中を循環する市バスの路線ができました。

Column 日本一長いバス路線

奈良県の近鉄大和八木駅と和歌山県のJR新宮駅を結ぶ奈良交通の八木新宮線は、一般道を走るバスとしては日本最長路線です。全長は169.8km、停留所数は168もあり、バスは約6時間半から7時間をかけて走っています。平日は3往復、土日祝日は2往復と観光特急1往復が運行されています。

途中の五條バスセンター、上野地、十津川温泉でトイレ休憩。上野地では近くにある長さ297.7mの「谷瀬の吊り橋」を観光することができます。

第1章 全国を駆け巡る路線バス⑥
中国

一畑バス
一畑電気鉄道のバス部門が分社された事業者で、島根県の松江市や出雲市などを中心に路線バスを運行しています。JR出雲市駅から北上する路線は、出雲大社の鳥居前まで運んでくれます。

中国地方では瀬戸内海に面した山陽の都市に多くの人々が住んでいます。なかでも岡山市・広島市とその周辺は人口密度が高く、市街地から郊外へ放射状に広がるバス路線が見られます。複数の事業者の路線が輻輳しているのが、この2都市のバスの特徴です。日本海に面した山陰の町を結ぶ鉄道の近代化や高速道路の建設は遅れていました。そのため、広島市と山陰の町を一般道経由で結ぶ特急バスが何路線も運行されていました。しかし山陽と山陰を直結する高速道路が次々に開通し、特急バスは高速バスへと生まれ変わっています。

瀬戸内海に浮かぶ大小の島は、本土と橋で結ばれているものが多く、JRの駅から橋を渡って島の集落に通うローカルバスが数多く運行されています。瀬戸大橋としまなみ海道は、いくつかの島を介して中国地方と四国地方を結んでおり、ローカルバスのほか、中長距離の高速バスも運行されています。橋の架けられていない島にも、島内の路線バスが運行されているところがあり、港で渡船やフェリーに接続して島民の足を担っています。

サンデン交通
1971年まで長府市内と下関市内を結んでいた山陽電気軌道がルーツの事業者です。下関を拠点に広がる路線は日本海側の長門市まで延びており、明治時代まで捕鯨が行われていた青海島に渡っています。

備北バス
備北バスは岡山県の高梁市や新見市を中心に路線バスを運行しています。高梁から約1時間の吹屋集落は、かつて赤い顔料・ベンガラの産地として栄え、ベンガラ格子の街並みをバスが走ります。

広島バス
広島市の中心部と安佐北区、府中町などで路線バスを運行している事業者です。太田川デルタを走るため、いくつもの橋を越えており、相生橋からは世界遺産に登録された原爆ドームが見えます。

瀬戸内産交
瀬戸内産交は広島県呉市の広地区と下蒲刈島・上蒲刈島・豊島・大崎下島で路線バスを運行しています。大崎下島の御手洗には、江戸時代に風待ちや潮待ちの港町として栄えた名残が見られます。

防長交通
山口県周防地方の全域と長門地方の東部で路線バスを運行している事業者です。大畠駅からの路線は橋を越えて周防大島につながっており、波静かな瀬戸内海を車窓に見ながらのんびり走ります。

広島電鉄
広島電鉄は広島市内の軌道と宮島口までの鉄道、広島県西部の路線バスを運行しています。2012年には呉市営バスの路線を引き継ぎ、海上自衛隊の拠点となっている呉市内にも路線網ができました。

第1章 全国を駆け巡る路線バス⑦
四国

徳島バス
徳島バスは徳島平野を中心に路線バスを運行しています。路線の北端は渦潮で名高い鳴門海峡を見下ろす鳴門公園で、徳島駅〜鳴門公園間には水素を燃料とする燃料電池バスも使用されています。

徳島市交通局
徳島市交通局は徳島で市営バスを営業しています。徳島市のシンボル、標高290mの眉山をバックに走る姿も見られますが、2028年度までにすべての路線を民間に移管して廃止される予定です。

　四国は4県を合わせた人口が約373万人足らずで、県庁所在地といえども市街地のエリアは広くありません。そのため路線バスは、JRの駅と住宅地、平野部や山間部の集落を結んで、比較的短い区間で運行されています。四国随一の観光地・道後温泉は松山市の郊外にあり、中心市街地からの観光輸送を路面電車とともに担当しています。
　瀬戸大橋としまなみ海道の沿道以外の島には橋が架けられておらず、路線バスは島内だけで運行されています。高松市の沖にある小豆島は、瀬戸内海では淡路島に次ぐ面積の大きな島で、高松市だけでなく、岡山県や兵庫県ともフェリーで結ばれています。路線バスは島民に加え、観光客にも配慮した路線とダイヤで運行されています。
　鉄道が内陸を短絡している愛媛県西部、鉄道が建設されなかった高知県東部では、路線バスが長距離を走って集落を結び、鉄道の代わりの役割を果たしています。徳島県南部の阿南市と高知県東部の東洋町を結ぶ阿佐海岸鉄道では、軌道と道路の両方が走れるDMVが営業運転を開始しました。

A：徳島バス南部
徳島バスの海部郡と那賀郡の路線を引き継いだ子会社で、那賀川をさかのぼる路線は、末端区間が高知県境に近いローカル線です。マイクロバスで運行され、途中の平谷では狭い旧道を走ります。

B：小豆島オリーブバス
高松市の沖に浮かぶ小豆島の島内路線を運行している事業者です。内海湾に面した苗羽地区は、醤油の醸造蔵や佃煮工場が軒を連ねる"醤の郷"で、バスを降りると芳しい醤油の香りが漂います。

C：宇和島自動車
宇和島自動車は、南予地方と呼ばれる愛媛県南西部の路線バスを運行しています。宇和島と高知県の宿毛を約2時間で結ぶ路線は、鉄道のない宇和海・内海沿岸の集落の暮らしを支える幹線です。

D：高知東部交通
高知県交通の高知～安芸間と安芸以東の路線を引き継いだ事業者です。鉄道の建設が未成に終わった奈半利町～室戸市～東洋町間を結んでおり、室戸岬とその周辺を訪れる観光客の足でもあります。

Column 世界唯一のDMV

阿佐海岸鉄道は2021年12月にDMV（デュアル・モード・ビークル）を導入しました。DMVは線路と道路の両方を走れる車両で、乗り換えなしで鉄道とバスの両方を利用できます。阿波海南～甲浦間は線路を、その他の区間は道路を走行しており、DMVを営業運転しているのは世界でもここだけです。

阿波海南と甲浦にはモードインターチェンジがあります。道路を走ってきたDMVは自動的に線路に誘導され、約15秒で鉄輪が出て線路に接地します。

第1章 全国を駆け巡る路線バス⑧
九州・沖縄

鹿児島交通
鹿児島県の北部と島を除く全域で路線バスを運行する、いわさきグループの事業者です。薩摩半島の南端では指宿駅〜開聞駅〜池田湖を結んでおり、標高924mの開聞岳を背に走る姿も見られます。

JR九州バス
JR九州のバス部門が分社されてできた事業者で、福岡・佐賀・長崎・鹿児島県内で路線バスを運行しています。鹿児島県の路線は北薩線で、大久保利通の銅像を見ながら鹿児島中央駅に到着します。

西日本鉄道
西鉄福岡〜大牟田間などの鉄道、福岡県全域と佐賀県の一部の路線バスを運行している事業者で、子会社を含めたバスの台数は日本一です。志賀島行きは、海の中道から陸続きの島に渡っています。

　九州で最も人口が多い福岡県には、福岡市と北九州市の2つの政令都市があり、駅と住宅地を結ぶバス路線のネットワークが充実しています。都市高速道路を経由して所要時間を短縮している路線の存在も、この2つの都市の大きな特徴です。
　その他の県庁所在地にも一定の人口集積があり、市街地と周辺のベッドタウンでは通勤需要に応える都市型のダイヤが組まれています。互いの都市間を結ぶ特急バスが、古くから一般道経由で運行されていましたが、高速道路の延伸が進んだ現在は、熊本〜大分間と熊本〜延岡間が残るだけになりました。また橋で結ばれた天草諸島には、熊本から直通する快速バスが運行されています。
　壱岐・対馬と五島列島、南西諸島、八重山諸島にも、路線バスがあります。沖縄本島ではモノレールの開業後も路線バスが大切な足です。那覇市と郊外を結ぶ路線に加え、那覇市と名護市を結ぶような長距離路線も運行されています。観光客にも人気の離島ですが、その多くはレンタカーを利用するため、路線バスの乗客は島民が中心です。

A B
C D

A：長崎自動車
長崎自動車は長崎市を中心に路線バスを運行しています。長崎半島の先端まで路線が延びており、黒浜海岸付近では、炭坑関連施設のシルエットから"軍艦島"と呼ばれる端島が沖に見えます。

B：国東観光バス
大分交通の杵築市・国東市・日出町の路線を引き継いだ子会社です。杵築は南北の高台に武家屋敷がある城下町で、高台に挟まれた商人町の家並みを、駅とバスターミナルを結ぶバスが走ります。

C：沖縄バス
沖縄バスは沖縄本島のほぼ全域で路線バスを運行しています。20・120番の名護西線は、国道58号経由で那覇と名護を結ぶ長距離路線で、沖縄の古民家や伝統芸能が見学できる"琉球村"も通ります。

D：琉球バス交通
琉球バス交通は沖縄本島のほぼ全域に路線を持っています。67番の辺土名線は、名護と国頭村の辺土名を結んでおり、辺土名では本島最北端の辺戸岬や奥集落へ行く国頭村営バスに乗り継げます。

Column 日本最南端・最西端のバス停

八重山列島の西表島に西表島交通があり、島の南側から東側を回り、北側に至る路線バスを運行しています。起点の豊原は日本最南端、終点の白浜は最西端のバス停です。ただし無料バスを含めると、与那国島の久部良港が最西端になります。

西表島交通の南側の起点が日本最南端のバス停。

西表島交通の北側の終点が日本最西端のバス停。

第1章 路線バスの使い方①
多区間運賃と均一運賃

浅間山をバックに走る西武観光バス。山岳路線には山岳運賃が設定されています。

　全国の路線バスには、地域ごとに異なるルールがあります。そのひとつが運賃の設定方法です。
　路線バスの大多数は多区間運賃です。多区間運賃とは、乗車区間に応じて変わる運賃で、短距離であれば安く、長距離であれば高くなります。
　この多区間運賃は、乗車距離1km未満は200円、1km以上2km未満は220円というように決める対キロ区間制がほとんどです。運賃はバスの運行経費を考えてバス事業者が設定し、国の認可を受けて決まるため、全国一律ではありません。たとえば、燃料費などの経費がかさむ山岳路線には、山岳運賃と呼ばれる割高な運賃の設定が許されています。一般的に見れば、利用者が多い都市周辺は安く、利用者が少ない地方は高い傾向があります。ただし地方自治体がバス事業者に金銭的な補助を行うことで、地方の運賃を安く抑えている例も見られます。
　対キロ区間制を簡略化した形に区制があります。一定のエリアを1つの区として、1区以内は200円、2区にまたがる場合は400円などと決める運賃です。たとえば、青森県の外ヶ浜町営バスは、蟹田、平舘、三厩の各地区内は100円、地区をまたぐ場合は200円です。丹後海陸交通の伊根・蒲入線は自治体の補助を受けて対キロ区間制と区制が組み合わされており、大人運賃の上限を400円に抑えています。

日本最長路線の奈良交通八木新宮線は、終点に着くころには整理券番号が100を超えています。

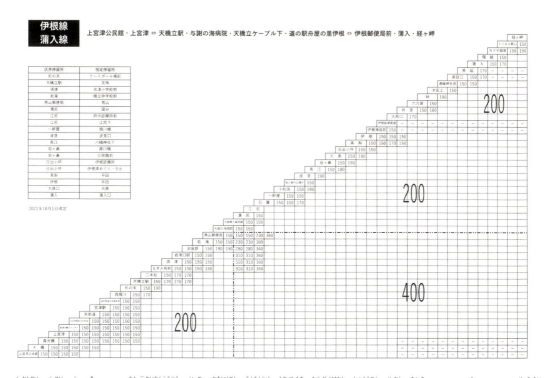

対キロ区間制と区制が組み合わされた丹後海陸交通の伊根・蒲入線の運賃表。宮津駅～経ヶ岬間は所要約2時間、距離は40kmを超えますが、自治体の補助を受けて上限運賃400円に抑えられています。

　乗車区間にかかわらず一定額の運賃を均一運賃と言います。東京23区、川崎市、横浜市、名古屋市、京都市、大阪市、神戸市といった大都市を中心に採用されています。ただし、東京23区と川崎市、川崎市と横浜市にまたがって乗車すると、数十円が加算されます。また京都市や神戸市の均一運賃区間は市の中心部で、郊外には対キロ運賃が設定されています。均一運賃もバスの運行経費を考えてバス事業者が設定し、国の認可を受けて決まるため、同じエリアの運賃がバス事業者によって異なる場合があります。たとえば、東京23区の一般路線の大人現金運賃は、都営バスが210円、京成バス・小田急バスが220円、東武バス・国際興業・関東バス・京王バス・東急バスが230円、京浜急行バスが240円と、最大30円の差が生じています。

　1990年代以降、全国に開業したコミュニティバスの多くも均一運賃です。こちらは地方自治体の負担を前提に運賃を設定している場合が多いことから、100円均一など安価な設定が見られます。

渋谷区コミュニティバスの「ハチ公バス」。運賃は大人100円・小人50円均一です。

五反田駅と川崎駅を結ぶ東急バス反01系統。運賃箱に乗車区間ごとの運賃が表示されています。

第1章 路線バスの使い方②

中乗り後払いと前乗り先払い

香林坊バス停で乗降を扱う北陸鉄道の路線バス。地方のバスのほとんどが中乗り後払いです。

2扉のバスでも前乗り前降り後払いの沖縄県。ただし、均一運賃の那覇市内線は前乗り中降り先払いなので、那覇バスは郊外線と市内線のボディカラーを変えて乗客にわかりやすくしています。

　路線バスの乗降方法も地域によって異なっています。最も多いのは中扉（または後扉）から乗って前扉から降り、運賃は降車時に支払う「中乗り後払い」で、多区間運賃路線の多くがこの方法です。乗車時には整理券をとるか、カードを読み取らせ、降車時には乗車区間に応じた運賃を現金で支払うか、カードから引き去ってもらいます。乗車区間ごとの運賃は、車内最前部の案内表示器に整理券番号とともに表示されます。
　観光路線などで前扉だけの観光タイプの車両が使用されている場合は、前乗り前降りとなり、整理券発行機や乗車用のカード読み取り機も前扉に設置されています。また2扉の一般路線車が使用されていても、古くからの慣例で前乗り前降りのバス事業者もあります。具体的には、北海道地方の斜里バス、名士バス、沿岸バス、東北地方のジェイアールバス東北、下北交通、十和田観光電鉄、羽後交通、会津乗合自動車、関東・東海地方のジェイアールバス関東（一部の県の路線）、箱根登山バス、伊豆箱根バス、東海バス、濃飛乗合自動車、沖縄県の各社などで、中扉は車椅子やベビーカーの乗降があるときだけ使用されています。

24

東京23区、川崎市、横浜市、名古屋市の均一運賃路線は、前扉から乗って中扉から降り、運賃は乗車時に支払う「前乗り先払い」です。ただし東京23区・川崎市・横浜市と隣接市にまたがる路線では、運賃が均一ではない場合があり、「信用先払い」が採用されています。これは乗車時に運転士に降車バス停を申告し、乗車区間に応じた運賃を現金またはカードで支払う方法です。また那覇バスの那覇市内線は他の沖縄県の路線と異なり、均一運賃を先払いする前乗り中降りです。

京都市、大阪市、神戸市では、均一運賃路線でも中乗り後払いになっています。これは市営バスと市営地下鉄（現在の大阪では大阪シティバスと大阪メトロ）の乗継割引があり、カード導入以前は降車時に運転士から乗継券をもらう必要があったことに起因しています。このほか、名古屋市営バスの基幹バス2系統は、多区間運賃・中乗り後払いの名鉄バスとバス停を共用しているため、名鉄バスに合わせて中乗り後払いになっています。

均一運賃のコミュニティバスの多くも前乗り先払いですが、その地域の他の路線バスに合わせ、均一運賃でも中乗り後払いにしている自治体も見られます。コミュニティバスに使用される小型バスの一部には前扉しかないため、観光タイプのバスと同じ前乗り前降りの例も少なくありません。

前乗り先払いの横浜市営バス。東京23区、川崎市、横浜市、名古屋市の均一運賃路線は前乗りです。

中乗り後払いの神戸市営バス。京都市、大阪市、神戸市では均一運賃路線でも中乗りです。

神戸観光周遊バス「シティーループ」は、他の神戸市内のバスとは異なり前乗りになっています。

25

第1章 路線バスの使い方③
磁気式カードとICカード

2003年と2013年に撮影した西武バス。前面に貼られた使用できるカードのステッカーが、バス共通カードからICカードに変わっています。

国際興業が現在も営業所や案内所で取り扱っている回数券の一例。50円券×18枚＋10円券×20枚＝1,100円分を1,000円で販売しています。

2010年まで販売されていた1都3県の磁気式バス共通カード。1,000円券（1,100円分）、3,000円券（3,360円分）、5,000円券（5,850円分）がありました。

　路線バスでは従来、紙の回数券が販売されていました。回数券はバス事業者の案内所等の窓口に加え、バスの車内でも買うことができました。
　回数券は販売額プラス1割程度の金額の券がセットになっており、定額式と組み合わせ式があります。定額式はいつも同じ区間を利用する人のためのもので、たとえば200円券の11枚つづりが2,000円で販売されています。組み合わせ式はいろいろな区間を利用する人のためのもので、たとえば200円券・100円券・50円券・10円券を組み合わせた2,200円分が2,000円で販売されています。
　1990年代になると、回数券に代わって磁気式カードが普及しました。磁気式カードもバス事業者の案内所等やバスの車内で買うことができました。
　当初は各社が自社用のカードを販売していましたが、まもなく一定のエリアのバスに共通して使用できるものが増え、使い勝手が良くなりました。首都圏では1都3県のバスに乗れる「バス共通カード」が販売されていました。磁気式カードも販売額プラスαの金額分使用できるほか、昼間時間帯などバスが空いている時間に使用すると、プレミアが上乗せされるカードも販売されていました。

1990年代後半になると、交通系ICカードが登場しました。バス業界では当初、コミュニティバスで、その路線専用のカードが販売されましたが、1999年に道北バス、2000年に山梨交通、2001年に福島交通と北九州市交通局で、一般路線に使用できるICカードが発売されました。

　2001年にJR東日本の「Suica」が登場してからは、鉄道を含めた地域の公共交通に共用できるICカードをバス事業者も導入するようになりました。2013年からは、それらのうち「Kitaca」「Suica」「PASMO」「TOICA」「manaca」「ICOCA」「PiTaPa」「SUGOCA」「nimoca」「はやかけん」の10種類（これらを10カードと言います）が相互使用できるようになりました。また、これら以外は相互使用こそできないものの、岡山エリアの「Hareca」導入事業者、広島エリアの「PASPY」導入事業者のように、自社のカードはそのエリアでしか使用できないものの、上記10種類のカードが片乗り入れでそのエリアでも使用できるものもあります。

　自社以外のカードが使用できるバスでも、車内でのチャージは自社のカードだけに限られる場合があるので、乗車前に駅やターミナルでチャージしておいたほうがよいでしょう。また利用時に付与されるポイントも、自社のカードに限られるのが一般的ですので、長く滞在する場合、長距離・高運賃の区間を利用する場合には、現地のICカードを入手したほうがおトクになります。

　なお、近年はクレジットカードでタッチ決済できるバス事業者も見られるようになりました。

山梨交通が2000年に導入したICカード。2016年のシステム更新時にPASMOに変更されました。

神姫バスグループのICカード「NicoPa」。神姫バスグループ以外では利用できませんが、神姫バスグループでは片乗り入れで10カードが利用できます。

広島県内の共通ICカード「PASPY」。販売会社7社以外の県内の会社でも使用できるほか、県内の「PASPY」対応会社では片乗り入れで10カードも利用できます。

京都バスでは車内の案内表示器で10カードが使用できることを乗客に知らせています。

長電バスが奥志賀高原線と白根火山線で開始したクレジットカードやQRコードによる決済。

第1章 路線バスの使い方④
一日乗車券とフリー切符

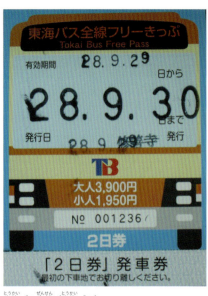

上：礼文島（宗谷バス）。下：天橋立・伊根（丹後海陸交通）。　東海バス全線（東海バス）。

　観光地に見られる周遊バスには、専用の一日乗車券が用意されている場合がほとんどです。また観光地や主要都市を営業区域に持つバス事業者は、特定エリアに限った一日乗車券やフリー切符を販売しています。たとえば、札幌（北海道中央バス／ジェイ・アール北海道バス）、小樽（北海道中央バス）、増毛～豊富（沿岸バス）、室蘭・登別（道南バス）、函館（函館バス）、大館（秋北バス）、鶴岡（庄内交通）、日光（東武バス日光）、渋川・伊香保（関越交通）、みなかみ（関越交通）、川越（東武バスウエスト）、東京23区（東京都交通局／京成バスグループ／東武バスセントラル／京王バスグループ）、甲府（山梨交通）、長野・松代（アルピコ交通）、静岡（しずてつジャストライン）、岐阜（岐阜乗合自動車）、高山（濃飛乗合自動車）、福井（京福バス）、伊勢・鳥羽・志摩（三重交通）、奈良・西の京・斑鳩（奈良交通）、滋賀県・京都府・大阪府内の2エリア（京阪バス）、大阪府・兵庫県内の6エリア（阪急バス）、高野山（南海りんかいバス）、呉（広島電鉄）、石見（石見交通）、福岡（西日本鉄道）、長崎（長崎自動車）、佐世保（西肥自動車）、大分（大分バス）、別府（亀の井バス）、鹿児島（鹿児島市交通局）、那覇（那覇バス）などがあげられます。
　複数の事業者のバスに共通乗車できるものは、旭川（旭川電気軌道・道北バス）、金沢（北鉄グループ・西日本ジェイアールバス）、徳島（徳島バス・徳島市交通局）、沖縄（沖縄バス・琉球バス交通・那覇バス・東陽バス）などで販売されています。
　1つの事業者やグループの全線に乗車できるもの、鉄道や軌道も含まれるものは、仙台市交通局、東京都交通局、国際興業、西武バス、関東バス、小田急バス、京王電鉄バス、東急バス、神奈川中央交通、川崎市交通局、横浜市交通局、新潟交通佐渡、東海バス、遠州鉄道、名古屋市交通局、京都市交通局、高槻市交通部、大阪シティバス、南海バス、和歌山バス、伊丹市交通局、両備ホールディングス、おのみちバス、いわくにバス、小豆島オリーブバス、伊予鉄道、とさでん交通、西鉄バス北九州、堀川バス、佐賀市交通局、島原鉄道、宮崎交通、東運輸、西表島交通などで販売されています。九州の4つのエリアに設定されている「SUN Qパス」は、高速バスを含むエリア内の全バス路線に使用できるという超大型のフリー切符です。

宇都宮・大谷（関東自動車）。

八丈島（八丈町営バス）。

遠州鉄道（電車・バス）全線（遠州鉄道）。

奥能登（のと鉄道・北鉄奥能登バス）。

北部九州＋下関（福岡・佐賀・長崎・熊本・大分県のバス事業者＋サンデン交通）。

屋久島（種子島・屋久島交通）。

西表島（西表島交通）。

　観光地の一日乗車券やフリー切符には、施設の入館料の割引、飲食店・売店での食事の割引や一品サービスなどの特典がついていることが多く、手持ちの交通系ICカードで正規運賃を支払って旅をするより、かなりの割安感を味わえます。

　一日乗車券やフリー切符の使用時に確認したいのが、フリーエリアと有効期間です。観光シーズンだけに設定されるものもあるので、販売期間もチェックしなければなりません。

　次に確認したいのが販売箇所です。駅前の案内所などで販売している場合、営業時間を調べておかないと、バスに乗る前に手に入らないということになりかねません。車内で販売しているものもありますが、運転士の手持ちが少なく、遅い時間になると売り切れていることもあります。鉄道とセットになっているものは、現地に行ってしまうと購入できないので、鉄道で旅を始める前に買わなければなりません。九州の「SUNQパス」は、スマートフォンで購入から乗車まで可能です。このほか、近年は交通系ICカードにフリー切符情報を入れてもらうタイプも増えつつあります。

ホームページの路線図の見方

第1章 路線バスの使い方⑤

　決められたレールの上を走る列車と異なり、路線バスがどの道路を走るのかを把握することは簡単ではありません。大きな手がかりになるのが、バス事業者のホームページにある路線図です。

　ただし、ホームページの路線図にはさまざまな形態があり、場合によっては見方にテクニックを要するケースがあります。たとえば、見やすさへの配慮から、適度な縦横比に路線図をデザイン化しているサイトでは、東西南北の方向や隣り合うバス停間の距離を読み取ることはできません。また地元の利用者が使いやすいように、営業所ごとやエリアごとに掲載しているサイトでは、隣のエリアとの位置関係がわからず、双方に乗り入れている路線が一方にしか掲載されていないこともあります。そのようなときは、一般の地図サイトや市販のロードマップと照合したり、複数のエリアの路線図を比較したりしなければなりません。

　地図上に落とし込んである路線図でも、運行系統が記されていない場合、その区間をどの系統が走っているのかがわかりません。さらに言えば、各バス事業者の路線図は自社の路線だけを掲載していることが一般的なので、複数のバス事業者の路線が入り組んでいるエリアでは、他社のサイトを確認することも忘れてはいけません。

　なお、パソコン用とスマートフォン用を別々に作成している事業者のページでは、パソコン用のサイトにだけ路線図がある場合があります。スマートフォンのサイトに路線図がないときは、念のためパソコンのサイトもチェックしてみましょう。また、どちらのサイトにも路線図が掲載されていない事業者もありますので、時刻表上のバス停名と一般の地図サイトや市販のロードマップなどの集落名・施設名などを対照させながら、おおよその経路を推測する作業にも慣れておきましょう。

阪急バスサイトの路線図
地図に載せた全体図をスクロールしながら見るので、位置関係も運行系統もわかりやすいですが、土地勘がないと、広大なエリアから目的の地域を探すのに時間がかかるかもしれません。

神姫バスサイトの路線図
おおむね地図に準じた路線図がエリアごとに掲載されています。目的の地域を探しやすいですが、隣のエリアにまたがる系統の場合、別のページを開く必要があります。

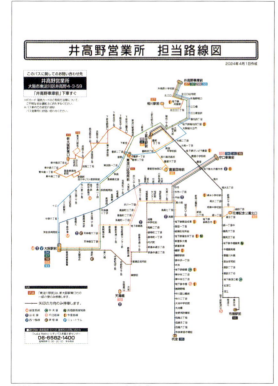

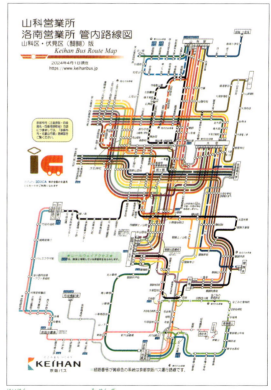

大阪シティバスサイトの路線図
おおむね地図に準じており、位置関係はわかりやすいです。ただし鉄道が駅だけなのでつながりがわからず、目的の系統を所管している営業所の知識も必要です。

京阪バスサイトの路線図
見やすくデザインされていて、運行系統はわかりやすいです。ただし位置関係はまったくわからず、同じ駅発でも所管営業所が異なると別のページに掲載されています。

第1章 路線バスの使い方⑥
ホームページの時刻表の見方

東急バスのサイトで東京駅→二子玉川駅を検索。直行ける系統はありませんが、東98系統と黒02系統を乗り継ぐルートが表示されます。

神奈川中央交通のサイトで戸塚バスセンター→藤沢駅を検索。神奈中バスだけでなくJRも含めた経路が表示され、時間が早い順ではJRが第1経路になりました。

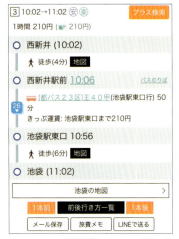

スマホアプリ「乗換案内NEXT」で都内の西新井→池袋を検索。東武鉄道・東京メトロ・JRなどの乗り継ぎに続く3番目に都営バスが表示されます。

　路線図で乗りたいバス路線を見つけたら、次にとりかかるのがタイムテーブルの作成です。近年は乗車バス停と降車バス停を入れると、該当する便の時刻がいくつか表示される、着発検索・経路検索機能がついているサイトが増えています。この機能は非常に便利ですが、乗車日や時刻を設定しないと、検索している時点での曜日と時間帯のデータが表示されることを忘れないようにしましょう。また乗車バス停と降車バス停を直接結ぶ経路だけが表示されるサイトと、乗り継ぎを含む経路も表示されるサイト、バス以外の移動手段も表示されるサイトがあることを覚えておきましょう。
　なお、スマホの検索アプリも充実し、鉄道だけでなくバスを含んだ経路が表示されるものがありますが、やはり乗車日や時刻の設定は大切です。

地方の事業者のサイトではまだ、エリアごとや路線ごとに時刻表のPDFを掲載している例も少なくありません。そうした時刻表では、便ごとに異なる経由地や運行日、快速・急行運転などの情報が略字や記号、色分け、そして欄外の注記で説明されているので、これを見逃さないよう十分に注意しなければなりません。

地方都市のバスに多いのが、休校日運休です。これは通学に利用している乗客が多い路線で、沿線の学校の休校日には運休となるものです。たとえば、夏休み期間には平日でも走らないので注意が必要です。北国の冬休みは長いなど、休校期間は地域によって異なることも意識しましょう。

病院やショッピングモールの営業時間だけ、そこを経由するダイヤもよく見られます。こちらも病院等の場合には、休診日には運休になることもあります。列車が着く時刻だけ駅に入るとか、フェリーが出る時刻だけ港に寄るとか、通勤通学時間帯だけ急行便が走るとか、利用者のニーズに合わせたきめ細かいダイヤが組まれていることが、路線バスの大きな特徴です。それらを見逃してタイムテーブルをつくってしまうと、バスが来ないバス停で途方に暮れることになりかねません。

バス運行時刻表

2024年4月28日～5月31日

船泊方面行

停 ＼ 便	1	2	3	4	5
フェリーターミナル発	6:30	7:45	10:40	15:15	16:55
香 深	6:33	7:48	10:43	15:18	16:58
香 深 井	6:41	7:56	10:51	15:26	17:06
キ ト ウ ス	6:48	8:03	10:58	15:33	17:13
内 路	6:51	8:06	11:01	15:36	17:16
高 校 前	6:53	8:08	11:03	15:38	17:18
第 3 上 泊	6:58	8:13	11:08	15:43	17:23
南 高 山	7:00	8:15	11:10	15:45	17:25
空 港 下	7:06	8:21	11:16	15:51	17:31
船 泊 港	7:09	8:24	11:19	15:54	17:34
船 泊 本 町	7:12	8:27	11:22	15:57	17:37
船泊病院前	7:14	8:29	11:24	15:59	17:39
浜 中	7:17	8:32	11:27		17:42
スコトン着	7:26	8:41	11:36		17:51

香深方面行

停 ＼ 便	1	2	3	4	5
スコトン発	7:28	8:43	11:38		17:53
浜 中	7:37	8:52	11:47		18:02
船泊病院前	7:40	8:55	11:50	16:06	18:05
船 泊 本 町	7:42	8:57	11:52	16:08	18:07
船 泊 港	7:45	9:00	11:55	16:11	18:10
空 港 下	7:48	9:03	11:58	16:14	18:13
南 高 山	7:54	9:09	12:04	16:20	18:19
第 3 上 泊	7:56	9:11	12:06	16:22	18:21
高 校 前	8:01	9:16	12:11	16:27	18:26
内 路	8:03	9:18	12:13	16:29	18:28
キ ト ウ ス	8:06	9:21	12:16	16:32	18:31
香 深 井	8:13	9:28	12:23	16:39	18:38
香 深	8:21	9:36	12:31	16:47	18:46
フェリーターミナル着	8:24	9:39	12:34	16:50	18:49

香深～知床～香深

停 ＼ 便	※A	1	2	3	※B
病 院 前 発	7:10	8:40	11:57	14:40	16:55
フェリーターミナル	7:11	8:41	11:58	14:41	16:56
第 二 差 間	7:16	8:46	12:03	14:46	17:01
知 床　着	7:19	8:49	12:06	14:49	17:04
知 床　発	7:21	8:51	12:08	14:51	17:06
第 二 差 間	7:24	8:54	12:11	14:54	17:09
フェリーターミナル	7:29	8:59	12:16	14:59	17:14
病 院 前 着	7:30	9:00	12:17	15:00	17:15

香深～元地～香深

停 ＼ 便	※A	1	2	3	※B
フェリーターミナル発	7:05	9:00	11:10	15:33	17:15
病 院 前	7:06	9:01	11:11	15:34	17:16
元 地　着	7:15	9:10	11:20	15:43	17:25
元 地　発	7:17	9:12	11:22	15:45	17:30
病 院 前	7:26	9:21	11:31	15:54	17:39
フェリーターミナル着	7:27	9:22	11:32	15:55	17:40

香深～桃岩登山口～香深　5/1～9/15まで

停 ＼ 便	①	②	③
フェリーターミナル発	8:40	11:34	13:25
病 院 前	8:41	11:35	13:26
桃岩登山口　着	8:48	11:42	13:33
桃岩登山口　発	8:50	11:44	13:35
病 院 前	8:51	11:51	13:42
フェリーターミナル着	8:58	11:52	13:43

注　知床線と元地線の※印便は祝祭日・土・日曜日・夏休みは運休です。

礼文島 1DAYフリー乗車券　一枚二,〇〇〇円(子供半額)　バス車内でも購入できます。

「フリー乗降区間について」　手を挙げて乗車の合図、降車の時は口頭で運転手にお知らせください。状況次第で乗降に沿えない場合もありご了承願います。

2024年6月1日～9月30日

船泊方面行

停 ＼ 便	1	2	シャトルバス	3	4	5
フェリーターミナル発	6:30	7:45	9:25	10:40	15:15	17:00
香 深	6:33	7:48	9:28	10:43	15:18	17:03
香 深 井	6:41	7:56	9:36	10:51	15:26	17:11
キ ト ウ ス	6:48	8:03	9:43	10:58	15:33	17:18
内 路	6:51	8:06	9:46	11:01	15:36	17:21
高 校 前	6:53	8:08	9:48	11:03	15:38	17:23
高山植物園			9:55			
第 3 上 泊	6:58	8:13	↓	11:08	15:43	17:28
南 高 山	7:00	8:15	↓	11:10	15:45	17:30
空 港 下	7:06	8:21	↓	11:16	15:51	17:36
船 泊 港	7:09	8:24	↓	11:19	15:54	17:39
船 泊 本 町	7:12	8:27	↓	11:22	15:57	17:42
船泊病院前	7:14	8:29	10:01	11:24	15:59	17:44
浜 中	7:17	8:32	10:04	11:27		17:47
スコトン着	7:26	8:41	10:13	11:36		17:56

香深方面行

停 ＼ 便	1	2	シャトルバス	3	4	5
スコトン発	7:28	8:43	10:28	11:44		17:58
浜 中	7:37	8:52	10:37	11:53		18:07
船泊病院前	7:40	8:55	10:40	11:56	16:06	18:10
船 泊 本 町	7:42	8:57	↓	11:58	16:08	18:12
船 泊 港	7:45	9:00	↓	12:01	16:11	18:15
空 港 下	7:48	9:03	↓	12:04	16:14	18:18
南 高 山	7:54	9:09	↓	12:10	16:20	18:24
第 3 上 泊	7:56	9:11	↓	12:12	16:22	18:26
高山植物園			10:46			
高 校 前	8:01	9:16	10:53	12:17	16:27	18:31
内 路	8:03	9:18	10:55	12:19	16:29	18:33
キ ト ウ ス	8:06	9:21	10:58	12:22	16:32	18:36
香 深 井	8:13	9:28	11:05	12:29	16:39	18:43
香 深 着	8:21	9:36	11:13	12:37	16:47	18:51

香深～知床～香深

停 ＼ 便	※A	1	シャトルバス	2	3	※B
病 院 前 発	7:10	8:40	10:15	11:57	14:40	16:55
フェリーターミナル	7:11	8:41	10:16	11:58	14:41	16:56
第 二 差 間	7:16	8:46	10:21	12:03	14:46	17:01
カナリアパーク			10:26			
知 床　着	7:19	8:51		12:06	14:49	17:04
知 床　発	7:21	8:54		12:08	14:51	17:06
第 二 差 間	7:24	8:57		12:11	14:54	17:09
フェリーターミナル	7:29	9:00	10:35	12:16	14:59	17:14
病 院 前 着	7:30			12:17	15:00	17:15

香深～元地～香深

停 ＼ 便	※A	1	シャトルバス	2	3	※B
フェリーターミナル発	7:05	9:00	13:15	11:10	15:33	17:18
病 院 前	7:06	9:01	13:16	11:11	15:34	17:19
桃台・猫台			13:26			
元 地　着	7:15	9:10	13:30	11:20	15:43	17:28
元 地　発	7:17	9:12	13:35	11:22	15:45	17:30
桃台・猫台			13:36			
病 院 前	7:26	9:21	13:46	11:31	15:54	17:39
フェリーターミナル着	7:27	9:22	13:47	11:32	15:55	17:40

香深～桃岩登山口～香深　5/1～9/15まで

停 ＼ 便	①	②	③
フェリーターミナル発	8:40	11:34	13:25
病 院 前	8:41	11:35	13:26
桃岩登山口　着	8:48	11:42	13:33
桃岩登山口　発	8:50	11:44	13:35
病 院 前	8:51	11:51	13:42
フェリーターミナル着	8:58	11:52	13:43

シャトルバスも、路線バスと同様ご利用いただけます。運行期間や、内容に変更が生じる場合もございますので、ご了承願います。

《都市間バス》《定期観光バス》も電話予約、又は下記のQRコードから予約可能です。お問い合わせは…

宗谷バス株礼文営業所
礼文郡礼文町香深字尺忍

発車オーライ　ネットからご予約はこちらから→

宗谷バスの礼文島内路線の時刻表。季節に合わせて秋～春ダイヤと春～秋ダイヤのPDFの差し替えが行われ、春～秋ダイヤには観光シャトルバスが走るトップシーズンダイヤも併記されます。

Column 貨客混載

四国交通本社でバスに荷物を積み込むヤマト運輸のドライバー。車体の後部を荷物室にした貨客混載用のマイクロバスが使用されています。

過疎化が進む地方では、バスの乗客はわずかですが、そこに届けられる荷物も多くありません。一方で、そうした人を運ぶバス運転士、荷物を運ぶトラック運転士は、ともに不足しています。そこで、過疎地域のバス路線の維持と物流の効率化を図り、過疎地域の人々の生活サービスを向上させるため、全国で貨客混載が行われています。

徳島県阿波池田市に本社を置く四国交通は2017年11月、市内中心部と祖谷地区を結ぶ路線で、ヤマト運輸の荷物の運搬を開始しました。ヤマト運輸三好井川センターから四国交通本社に持ち込まれた荷物は、バスで約1時間の西祖谷、約1時間40分の東祖谷まで運ばれます。両地区のバス停では、ヤマト運輸のドライバーが荷物を受け取って配達します。これにより、四国交通は路線維持のための新たな収入を得ることができました。ヤマト運輸はトラックの走行距離が短縮でき、ドライバーが集配地区に長く滞在できるため、顧客の要望に柔軟に対応できるようになりました。

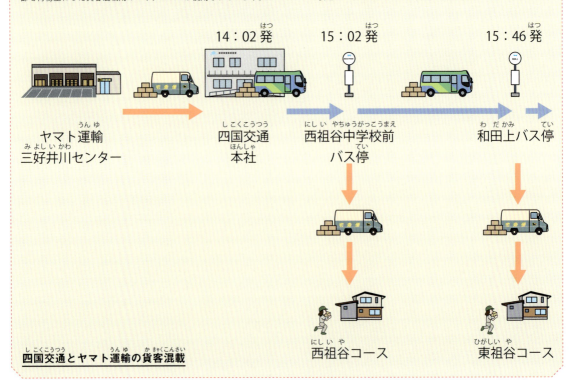

四国交通とヤマト運輸の貨客混載

第2章

路線バスの成り立ち

東京急行電鉄のトレーラーバス。

路線バスとはどんな乗りものなのでしょうか。
この章では日本に初めてバスが走り始めた日から
現在までの歴史を振り返ります。
また路線バスはどのような環境で営業しているのか、
路線バスを営業するにはどんな決まりがあるかを紹介します。

第2章 路線バス発達史① 1900〜30年代

東京市営バスとして1924年から走り始めたフォードTT型。1台を東京都交通局が保存しています。

　日本の路線バスの成り立ちの考察として、まずはこれまでの歴史を振り返ってみましょう。
　日本で初めて乗合バスが運行されたのは、1903年のことでした。京都市の二井商会が堀川中立売〜七条・祇園間で乗合バスの営業運転を計画し、9月20日に試運転を行ったのち、11月21日から営業を開始しました。現在の日本バス協会は、試運転が行われた9月20日を「バスの日」と決めています。アメリカ製の蒸気自動車が使用された乗合バスは、利用者が延びずに翌年に廃業しました。
　大正時代に入ると、全国で次々と乗合バスが走り始めました。当初は乗合馬車などと激しく対立したものの、利用者は次第に目新しいバスを選ぶようになりました。当時のバスはフォードやシボレーなどのアメリカ製がほとんどで、定員10人前後の小さなものでした。またバス会社は2〜3台で営業している零細企業が多く、個人が1台のバスだけで1路線を営業する例も見られました。
　こうした乱立状態は互いの経営を悪化させたため、大正末期から昭和初期にかけて有力事業者に買収されていきました。当時は鉄道や軌道も全国で開業しており、鉄軌道会社にとって並行する乗合バスはライバルだったので、鉄軌道会社が沿線のバス会社を買収する例も数多く見られました。
　一方、1923年に関東大震災が発生し、東京の市電は大きな被害を受けました。市電の復旧には時間がかかるため、東京市は翌年、代わりに乗合バスを開業しました。当初は市電の復旧とともに廃止する予定でしたが、市民に定着したために営業を続けることにしました。また全国的に市電と競合する民間のバスの開業も見られたため、市電を補完する公営バスが、1927年に大阪市、1928年に京都市、1930年に名古屋市と神戸市で開業しています。

省営バスに使用された東京瓦斯電気工業T・G・E。名古屋市のリニア・鉄道館に展示されています。

　1922年には鉄道敷設法が制定され、全国に膨大な国有の鉄道予定線が設けられました。その多くは厳しい経営が予想されたため、鉄道省は鉄道線ではなく自動車線として開業することを決めました。こうして1930年、岡崎〜瀬戸記念橋〜多治見間などで省営バスが開業しました。国内の産業開発を促進するため、当初から国産のバスが採用されました。
　1937年の盧溝橋事件をきっかけに日中戦争が始まりました。政府は国家主義的な戦時体制を構築するため、1938年に国家総動員法と陸上交通事業調整法を施行しました。これにより、鉄道事業とバス事業は地域ごとに1社にまとめられました。たとえば東京では、市内の鉄軌道・バスは東京市に、郊外の鉄軌道・バスは東急、西武、東武、京成の各社に統合されました。大阪では、市内のバスは大阪市に、郊外のバスは一部を除いて近鉄と阪急に統合されました。同様に全国でも統合が進み、バス事業者はみな一定以上の規模になりました。

1932年に石川島自動車製作所が製造したスミダM型。いすゞ自動車藤沢工場に隣接する自動車展示施設のいすゞプラザで動態保存されています。

第2章 路線バス発達史②
1940年代

戦前製のガソリン車の車体の後ろにガス発生炉が取り付けられた都営バスの代燃車。

次第に戦時色が強まるなか、1941年にアメリカが石油対日輸出抑制策をとりました。日本は石油をアメリカからの輸入に頼っていたため、貴重なガソリンは軍事輸送などに向けられ、バス事業者には1滴のガソリンも供給されなくなりました。そのためバス事業者では、自社のバスを代燃車（木炭や薪などを不完全燃焼させて発生させたガスでエンジンを動かす自動車）に改造しました。

1941年12月の真珠湾攻撃により、太平洋戦争の火ぶたが切られました。戦局は次第に悪化し、大都市を中心にアメリカ軍の空襲を受け、バス事業者は多くの設備と車両を失いました。1945年8月に終戦を迎えたときには、各社の動けるバスはわずかで、ほとんどのバス路線が運休していました。

なお、戦時中の首都行政の一元化を図るため、1943年に東京府と東京市が廃止されて東京都が誕生し、東京の市営バスは都営バスになっていました。

大量輸送のための工夫①
軍用トラックに車体を載せたバスで、故障した戦前のバスを牽引した親子バス（東京都交通局）。

大量輸送のための工夫②
トラクターで大型の客車を牽引したトレーラーバス（京王帝都電鉄）。

　終戦後は軍隊からの復員者や海外から引き揚げてきた人たちにより、大都市を中心に人口が急増し、路線バスの乗客も一気に増えました。戦災を受けたバスではこの需要に応えられないため、バス事業者はアメリカ軍から軍用トラックの払い下げを受け、車体を載せてバスに改造しました。またトラックの頭の部分に客車を連結したトレーラーバスも登場し、大量輸送に大いに貢献しました。

　やがて国内の自動車メーカーの資材不足が解消され始め、1948年にはディーゼルエンジンを積んだ国産のバスの生産が始まりました。バス事業者はこれを購入し、戦前製のガソリンエンジンのバスやトラック改造バスを置き換えていきました。

　人口の増加に伴い、大都市では人々が都心から郊外に移り住みました。そのため路線バスに都心と郊外を結ぶ役割が課せられ、都心〜郊外直通路線が次々に運行されました。旧市内が都営バスに一元化されていた東京では、都営バスと東京急行電鉄・国際興業・東武鉄道・京成電鉄などが相互乗り入れで、東京駅と駒沢・成増・草加・市川などを結びました。また大阪では阪急バス・京阪バス・近畿日本鉄道・南海電気鉄道が梅田・天満橋・上本町・難波まで乗り入れるようになりました。

　一方、地方では、物資不足のため地域の交通需要に対応できないバス事業者もあり、省営バスの路線開設を望む声も上がりました。省営バスがこれに応えて路線を拡大しようとしたため、民間のバス会社による省営バス反対運動が起こりました。なお、鉄道省などが経営していた国有の鉄道・バス事業は、1949年に発足した日本国有鉄道に引き継がれ、省営バスは国鉄バスになりました。

トヨタのガソリンバスBM型。鳥取県の日ノ丸自動車が山間路線を復旧するために導入しました。

いすゞ製ディーゼルバスのBX型。小田急バスにはシンボルの犬マークがつけられていました。

39

第2章 路線バス発達史③

1950年代

東京急行電鉄が1951年に運行を開始した東京駅〜五反田〜横浜間の急行バス。

東京都交通局との相互乗り入れで1947年から東京駅に姿を見せていた京成電鉄のボンネットバス。

京浜急行電鉄が1952年に運行を開始した東京駅〜鎌倉〜三崎間の急行バス。

　1950年代に入ると戦後の復興も進み、1950年代後半には高度経済成長期に突入しました。全国各地で道路の整備が進められ、それに合わせてバス路線が拡大されたため、地方では山奥や岬の先端の集落まで路線バスが走るようになりました。
　大都市では都心〜郊外直通路線がさらに増え、大阪の上本町には民営バスのターミナルが設置されました。バスの性能や乗り心地も向上し、長距離を走る路線が全国で開設されました。たとえば首都圏では、京浜急行電鉄が東京駅〜三崎間、東京駅〜江ノ島間、東京駅〜鎌倉間、東京駅〜観音崎間など、東京急行電鉄が東京駅〜横浜間、渋谷〜江ノ島間など、東武鉄道が東京駅〜桐生間、池袋〜川越間、東京駅〜野田市間などの路線を運行開始しました。北海道では北海道中央バスが札幌から室蘭、夕張、旭川へ、九州では西日本鉄道が福岡から大分、熊本、佐世保、杖立などへバス路線を開設しました。1958年に開通した関門国道トンネルには、国鉄と関門急行バス（西鉄・山陽電気軌道・山陽急行バスが共同出資した会社）が福岡〜山口間と八幡〜宇部間のバスを走らせました。

関東バスの阿佐谷営業所で待機する都営バス。東京都交通局と関東バスは1948年に相互乗り入れを開始しました。

東武鉄道が1959年に導入した日野製のセンターアンダーフロアエンジンバス。東京駅〜桐生間の急行バスにも使用されました。

　国鉄は山陽と山陰を結ぶバス路線の開拓に取り組みました。1948年に広島〜浜田間、1950年代に広島〜岩見大田間、広島〜出雲市間、広島〜石見益田間を一部は民営バスとの相互乗り入れで運行開始し、夜行便が設定された路線もありました。

　車両はボンネットバスに代わってリヤエンジンバスが中心になり、大型化が進んでいきました。日野自動車は独自の道を歩み、前後輪間の床下にエンジンを吊り下げたセンターアンダーフロアエンジンバスを発売しました。客席の窓は四角い二段窓から、上段をスタンディーウインドという四隅が丸い固定窓にしたスタイルに変わりました。

大阪市交通局が1951年に採用した三菱製のボンネットバスのワンマンカー。

　大阪市営バスには1951年、日本初のワンマンカーが登場しました。当時のバスには運転士と車掌が乗務し、扉は前または中央に1か所でしたが、このバスは前後2か所に扉があり、乗務員は運転士だけでした。女性車掌が労働条件により乗務できない深夜の便に使用されました。同じ年には京都市営バスと名古屋市営バス、1952年には横浜市営バスや三重交通にもワンマンカーが登場しますが、全国に普及するのは1960年代のことでした。

三重交通が1952年に採用した日野製のボンネットバスのワンマンカー。

第2章 路線バス発達史④
1960年代

東武鉄道が1961年に運行開始した東京駅〜伊香保間の特急バス。日野製の冷房つきエアサス車が使用されました。

東京急行電鉄が1961年に開業した渋谷〜長野間の特急バス。三菱製といすゞ製の冷房つきエアサス車が使用されました。

日ノ丸自動車が1966年に開業した鳥取〜大阪間の特急バス。観光バスと同じ日野製の冷房つきエアサス車が使用されました。

　高度経済成長下で道路整備が進んだ一方で、当時の国鉄は幹線といえども蒸気機関車が客車を牽いている線区が多く、近代化は遅れていました。半面、観光旅行を楽しむ人が増加するなど、長距離移動のニーズは高まりました。そうした環境を背景に、1960年代に入るとさらに長距離のバス路線が開業しました。北海道中央バスは札幌から留萌、美国、富良野などへ、西武バスは新宿・池袋から軽井沢・鬼押出へ、東京急行電鉄は渋谷から長野へ、長野電鉄は湯田中・長野から上野へ、奈良交通は奈良から新宮へ、西日本鉄道は八幡から別府へ、福岡から九重への路線を開設しました。また1962年には、国鉄常磐線沿線の6社で常磐急行交通を設立して新橋〜日立間を、東北本線沿線の7社で東北急行バスを設立して東京駅〜仙台・山形・会津若松間を開業しました。国鉄自体のバスにも、札幌〜美唄間、仙台〜盛岡間、名古屋〜金沢間、金沢〜能登飯田間、岡山〜福山間、広島〜山口間などの長距離路線が登場しました。
　こうした長距離路線には、エアサスと冷房装置を備えた観光タイプの車両が使用されました。

京王帝都電鉄の最初のワンマンカー。中扉は折戸で、前面に「無車掌バス」と表示されていました。

川中島自動車の最初のワンマンカー。長野県の事業者の多くが前後扉の仕様で導入しました。

地方の観光開発を目的に、大手私鉄が地方の鉄軌道・バス会社を傘下に収める動きも見られました。東急は北海道や信越地方、京成は千葉県や茨城県、名鉄は北海道や東海・北陸地方、近鉄は和歌山県や中国地方の数社を傘下に収めました。

大都市圏では核家族化が進み、大規模な団地開発が進められました。団地と最寄り駅の間の輸送は路線バスにゆだねられ、数多くの団地路線が開設されました。団地路線は朝夕に需要が集中するため、都市部の路線バスも大型化が進みました。

高度経済成長下で労働力不足が発生していたところに、団地路線などの開設で女性車掌が乗務できない深夜のニーズが高まったため、都市部の事業者はバスのワンマン化に取り組みました。各社とも当初は均一運賃で対応しましたが、まもなく整理券方式の多区間運賃ワンマンバスも登場しました。これによって地方路線のワンマン化も可能になり、マイカーの普及で乗客が減り始めていた地方路線では、営業経費削減の手段としてワンマン化が行われました。ただし地方には見通しの悪い狭い道も多く、安全運行のためにワンマン化できない路線もあったため、車掌や誘導員が乗務するバスは1980年代までかなり残っていました。

ワンマンカーは扉が2か所あることが原則でしたが、各社が乗客の流れや使いやすさで仕様を選んだ結果、前中扉や前後扉に分かれ、中扉と後扉には折戸と引戸がありました。また東京の関東バスでは、乗降時間短縮のため3扉車が採用されるなど、バスのスタイルが一気に多様化しました。

関東バスではターミナルでの降車時間短縮のため、1964年から3扉のワンマンカーを採用しました。

阪急バスでは千里ニュータウン線に全長11.39m・定員99人の大型ワンマンバスを投入しました。

第2章 路線バス発達史⑤
1970年代

都電の撤去は1963〜72年に行われ、代替した都営バスは都電時代の系統番号を掲げて走りました。

　1960年代後半から70年代にかけて、マイカーが普及した都市部では道路渋滞が激しくなり、路面電車の定時性が失われ始めました。利用者が減少して経営も悪化したことから、全国で路面電車の撤去が進められました。地方では道路整備が進むにつれ、小さな私鉄が乗客をマイカーに奪われました。利用者が減少して収支が悪化したため、鉄軌道を廃止してバス専業になっていきました。
　路面電車や地方私鉄の代替機能はその事業者のバスが担ったため、一時的にバス路線が拡大しました。
　しかし、マイカーの普及による影響は、バス自体にも及んできました。都市部では相次ぐ地下鉄の開通や国鉄・私鉄との相互乗り入れも拍車をかけ、路線バスの乗客は減少していきました。対策として各社が路線の再編に取り組み、東京では都心〜郊外直通路線が廃止または系統分割されました。また地方では都市部よりマイカー普及率が高いうえ、少子化が始まり人口自体が減り始めたため、都市部以上に乗客が減少していきました。そのため路線の末端部から廃止が進められました。
　路線再編と並行して、サービス向上への努力も行われました。都市部ではバス停の電照化や屋根の設置、バスが定時走行するためのバス専用レーン・バス優先レーンの設置、バス停にバスの現在地を表示するバスロケーションシステムなどの導入が行われました。地方ではバス停以外の場所でも乗降できるフリー乗降制が採用されました。

岩手県の花巻電鉄の鉄道線は1972年に廃止され、バスはその後、岩手中央バスに合併され、さらに岩手県交通に合併されました。

沖縄県では左側通行になった1978年に、サブエンジン式冷房つきの新車が大量に投入されました。

車両面のサービスとして、低床化への取り組みも始まりました。従来のバスは路面から床までの高さが約95cmありましたが、これを約80cmに下げた車種が発売されました。また1976年の西日本鉄道を皮切りに冷房車が導入され、西日本では1978年ごろ、東日本では1980年ごろから、路線バスも冷房つきが標準仕様になりました。初期の冷房車はサブエンジン式（メインエンジンと冷房用のエンジンを搭載）でしたが、まもなく直結式（メインエンジンで冷房も駆動）に変わっていきました。

京阪バスはいち早く直結式冷房車を導入し、1985年にはすべての路線バスが冷房車になりました。

一方、国鉄の良きライバルだった長距離の路線も、渋滞に巻き込まれて定時性が悪化しました。さらに、電化や複線化で国鉄のスピードアップが図られたこともあり、そのほとんどが廃止されました。とはいえ、1964年に名神高速道路、1969年に東名高速道路が開通し、国鉄と民営会社による高速バスが開業するなど、すでに高速時代の幕が開けていました。1970年代以降の長距離路線は高速バスに姿を変え、東京駅と仙台・山形を結んでいた東北急行バスも、東北自動車道の延伸とともに高速道路経由に切り替えられていきました。

国鉄は1969年に東名ハイウェイバスを開業。長距離バスは次第に高速バスになっていきました。

第2章 路線バス発達史⑥
1980年代

東京都交通局は都市新バス「グリーンシャトル」(渋谷駅～新橋駅)の好評を受け、「グリーンライナー」(大塚駅～錦糸町駅)をはじめとする7系統を独自の予算で都市新バス化していきました。

　乗客の減少が続いていた路線バスですが、とくに都市部ではまだ重要な役割を果たしていました。そこで運輸省は、人口30万人以上の都市または県庁所在地で、交通体系の中心になるようなバス路線について、サービス向上のための施設・設備の整備に補助金を出すことを決定しました。これを「都市新バスシステム」と言い、具体的には、バスロケーションシステムの導入、運行管理システムの導入、バス停の上屋やシェルターの整備、バスの走行を優先するバスレーンの設置、乗り心地の良い都市型車両の導入などが各地で行われました。

　1980年代後半になると、バブル経済と呼ばれる好景気で都市活動が24時間化し、深夜の帰宅の足が必要になりました。そのため、最終バス終了後のおおむね23時以降に運賃を2倍にした深夜バス、最終電車終了後のおおむね0時以降に都心から郊外に向かう深夜急行バスが運行されました。

　地方ではマイカーの普及に少子化が加わり、路線バスだけではなく鉄道の利用者も減少を続けていました。高度経済成長期の設備投資等で大きな赤字を抱えていた国鉄は、1980年代に入ると利用者がとくに少ないローカル線の廃止を決定しました。廃止後は一部が第三セクター(地方自治体が出資等をしている会社)の鉄道として残ったものの、多くは路線バスによって代替されました。

東京急行電鉄は全国のトップを切って1989年、渋谷～青葉台間の深夜急行バスを運行しました。

46

国鉄の分割民営化によって、四国のバス路線は四国旅客鉄道に引き継がれ、松山高知急行線の車両はコーポレートカラーに塗り替えられました。

　しかし、国鉄の経営はローカル線の廃止などの合理化では改善できなかったため、全国をいくつかのブロックに分けて民営化することになりました。そして1987年4月、北海道、東日本、東海、西日本、四国、九州の旅客鉄道と日本貨物鉄道の7社に分割民営化されました。国鉄バスは6つの旅客鉄道会社の自動車部となりましたが、翌年4月、東日本はジェイアールバス東北とジェイアールバス関東、東海はジェイアール東海バス、西日本は西日本ジェイアールバスと中国ジェイアールバスとして、鉄道会社から切り離されました。

　それまでのバスの車体は航空機と同じ製造方法で、カニのように骨格全体で強度を確保したモノコック構造でした。しかし日野自動車は1977年、細い鋼管の骨組みで強度を確保したスケルトン構造の観光バスを発売しました。1980年代にはスケルトン構造の路線バスも登場し、日野自動車以外のメーカーもこの製造方法を取り入れました。その結果、丸みを帯びていた形が四角くなり、外板が強度を担わなくなったため窓が大きくなりました。また都市新バスの専用車や一部の会社で採用されていたエアサスや4枚折戸の中扉、観光バスのような下部固定・上部開閉式の窓といった仕様が広く採用されるようになっていきました。

日野車のボディを製造する日野車体工業は観光タイプに続き、路線バスもスケルトンボディにモデルチェンジ。奈良交通はいち早く採用しました。

ほかのメーカーも次々に直線的なボディを発売。いすゞ車のボディを製造する川重車体工業は、大きな窓の新型をキュービックと名づけました。

第2章 路線バス発達史⑦
1990年代

西日本鉄道が1991年に分社した直方交通は、2003年に運行エリアが拡大され西鉄バス筑豊になりました。

東海自動車の「リンガーベル」は大人気になり、レトロ調バスブームの火つけ役となりました。

府中市「ちゅうバス」は5路線7ルートと規模が大きく、中型バスが使用される路線もあります。

　1980年代の後半から、西日本鉄道は不採算路線のコスト構造を見直し、地域の足を維持するために、地域ごとに子会社を設立して路線を移管していきました。1990年代に入ると、首都圏の会社でもこうした動きが見られ、京成電鉄、京王帝都電鉄、京浜急行電鉄、神奈川中央交通などが、エリアごとに設立した子会社に路線を移管しました。
　好景気で各地の観光客が増加するなか、魅力的なバスを走らせてマイカーやレンタカーの利用者に路線バスを選んでもらおうという取り組みも始まりました。東海自動車が1989年、古い路面電車のような車体のバスに「リンガーベル」と名をつけ、伊豆高原で運行を開始すると大人気となったことから、1990年代には全国の観光都市に路面電車型やボンネット型のバスが登場しました。
　都市部の住宅地には大型バスが走れない狭い道も多く、そうした住宅地の高齢化が進むと、バスを利用できないことは切実な問題になってきました。そこで東京都の武蔵野市は1995年、小型バスで住宅地の中のバス停を結ぶ「ムーバス」の運行を開始しました。これが非常に好評だったため、全国でこれをまねた路線の開業が相次ぎました。地方自治体を主体に営業するこうしたバスは「コミュニティバス」と呼ばれるようになりました。

東京都交通局は1991年に、後扉までワンステップで中扉スロープ板つきのバスを導入しました。

名古屋市交通局は1997年に、後扉までノンステップで中扉スロープ板つきのバスを導入しました。

　レトロ調バスや小型バスなどが普及した1990年代は、一般路線バスも大きな進化を遂げました。
　そのひとつはバリアフリー化です。1988年から京浜急行電鉄が、乗降口の階段を従来の2段から1段にしたワンステップバスを導入していましたが、1991年に東京都交通局と4つのメーカーが、その床をさらに下げ、乗降口にスロープ板をつけて車椅子の乗降を可能にしたバスを開発しました。また同年に大阪市・京都市・神戸市の交通局は、ツーステップながら前扉にリフトをつけて車椅子の乗降を可能にしたバスの運行を開始しました。そして1997年には三菱自動車と日産ディーゼル工業、翌年にはいすゞ自動車と日野自動車が、階段がないノンステップバスの販売を開始しました。
　もうひとつは低公害化です。地球環境を守るため、日本では1979年にディーゼル車の排出ガスに含まれる有害物質の量の規制が始まりましたが、1994年にはいすゞ自動車がアイドリングストップ＆スタート装置を路線バスに取り付けました。また1991年には日野自動車が電気式ハイブリッドバス、1993には三菱自動車が蓄圧式ハイブリッドバスを発売しました。さらに1996年にはいすゞ自動車と日産ディーゼル工業が、軽油ではなくCNG（圧縮天然ガス）を燃料にしたバスの市販を開始しました。これらのハイブリッドバスとCNGバスの仕組みと特徴は、第3章で詳しく解説しています。

松本電気鉄道は1994年から電気式ハイブリッドバスを導入し、上高地の山岳路線で使用しました。

川崎市交通局は1994年に、市販前の日産ディーゼル製CNGバスの試作車の使用を開始しました。

49

第2章 路線バス発達史⑧

2000年代

脇田温泉を行くJR九州バス直方線。JR九州バスは2001年に九州旅客鉄道から分社化されました。

京王電鉄は1990年代に地域分社を行い、残ったバス事業を2002年に京王電鉄バスに移管しました。

函館バスの元函館市営バス車両。函館市交通局は2003年にバス事業を函館バスに移管しました。

　2002年に改正道路交通法が施行され、乗合バス事業への参入が路線ごとの免許制から会社ごとの許可制に変わりました。これによって、戦時統合から続いてきた各社の営業エリアで、ほかの事業者が路線バスを運行することができるようになりました。こうした環境の中で、鉄道会社が営業してきたバス事業は、コスト構造を見直し、小回りの利く経営で競争力を高めるため、バス専業の子会社を設立して移管する動きが見られました。
　民営化以来、鉄道会社が直営してきた3島のJRバスも、自由競争時代に合った経営体質にするために分社化が行われました。1999年にジェイ・アール北海道バス、2001年にJR九州バス、2004年にジェイアール四国バスの各社が設立されました。
　公営バスでもコスト構造の見直しが行われ、エリアごとに民間のバス会社に運行を委託したり、路線を民間のバス会社に移管して規模を縮小したりしました。また路線バスを地方自治体が営業すること自体の意義も問われ、すべての路線を民間に移管して姿を消す公営バスも現れています。

改正道路交通法の施行により、既存のバス事業者は高速バスや市街地の繁忙路線などで、新規参入会社との競合に陥りました。このため既存のバス事業者の収益率が下がり、それまでは儲かる路線の利益で維持していた儲からない路線の廃止が行われました。改正道路交通法では赤字路線からの撤退についても、許可制から届け出制に変更されたため、全国で路線の廃止が加速しました。コストの多くを占める運転士の賃金も低く抑えられ、のちにバス運転士不足を招く要因になりました。

　2000年には交通バリアフリー法（高齢者、身体障害者等の公共交通機関を利用した移動の円滑化の促進に関する法律）が施行され、路線バスの新車には車椅子での乗降ができることが義務づけられました。このため、大型車と中型車はすべてスロープ板つきのノンステップバスまたはワンステップバスとなり、小型車もノンステップバスまたはリフトつきバスになりました。床下に設置されていた電気式ハイブリッドバスのバッテリーやCNGバスのガスボンベは屋根上に搭載され、蓄圧式ハイブリッドバスは製造が打ち切られました。

運送会社が設立したジャパンタローズは、2002年に公共交通空白地帯で路線バスを運行開始しました。

箱根登山バスの「箱根施設めぐりバス」のようなレトロ調バスも、ノンステップになりました。

富士山の環境保護のため富士急グループが採用してきたCNGバスも、ノンステップになりました。

第2章 路線バス発達史⑨
2010年代以降

横浜市交通局が2020年に採用した日野製の連節バス。1人の運転士で大勢を運べる連節バスは、国産車が発売されたことで導入例が増えています。

運転士の特性等が測定できる東武バスの運転訓練車。大型経験がない人をバス運転士として養成するため、訓練車を用意する会社が増えました。

トヨタが開発した燃料電池バスは、水素の化学反応で発電してモーターを駆動。先行市販モデルは豊田市「おいでんバス」に使用されています。

　改正道路交通法の施行による競合に巻き込まれたバス事業者では、運転士の賃金が抑制されてきました。成人人口が年々減少し、運転免許を取得する人も減少するなか、職業としてバス運転士を志す人が減り、バス運転士が足りなくなってきました。そのため、採用条件を従来の大型二種免許取得者から普通一種免許取得者に緩和し、採用後の研修で大型二種免許を取得させ、取得費用を助成する制度を新設する事業者が増えました。

　2024年4月にはバス運転士の時間外労働の上限が厳しく規制され、それによるバスの減便や路線の廃止が各地で行われています。これは「2024年問題」と呼ばれ、次のページで解説します。

　こうした運転士不足を背景として、1人の運転士で大勢の人を運べる連節バスの導入が盛んになってきました。連節バスは1998年から路線バスとして使用されてきましたが、従来の輸入車に代わり、2019年に国産車が発売されたことも追い風になっています。また地球環境問題への関心がさらに高まるなか、トヨタの燃料電池バスや中国製の電気バスの採用が全国で始まっています。燃料電池バスと電気バスは、第3章で解説しています。

Column 「2024年問題」とは

神奈川中央交通は2019年に大規模な研修施設を開設し、新人運転士等の教習を行っています。

「2024年問題」とは、政府が「働き方改革」を推進するなかで行われた自動車運転業務の時間外労働の規制によって起こる諸問題をさします。

「働き方改革」の一環として、2018年6月に働き方改革関連法（働き方改革を推進するための関連法案の整備に関する法律）案が国会で可決され、2019年4月から順次施行されました。これは8つの労働法の改正を伴うものですが、なかでも労働基準法の改正により、時間外労働の上限について罰則つきで明確に規制されたことが特徴です。この上限規制は、一般的な職業では大企業が2019年4月、中小企業が2020年4月から適用されましたが、自動車運転業務、建設事業、医師に限って、2024年3月まで猶予されていました。この猶予期間が終わるのが2024年4月であることから、通称「2024年問題」と呼ばれることになりました。

自動車運転者の労働時間の規制はどのように変わるか、具体的な数字を表にまとめました。

このなかで、たとえば1日の休息時間が8時間から9時間になると、23時台以降に退勤した運転士は8時台以降の出勤になります。朝の通勤時間は最も多くの運転士が必要で、6～7時台の出勤者を減らすことはできないため、深夜バスの廃止、最終バスの繰り上げが行われることになるのです。

労働時間の規制は労働環境の改善につながり、バス運転士が魅力ある職業となるチャンスになるはずです。しかし近年、運転士不足が深刻化しているバス業界では、運転士の長時間労働に頼ってダイヤを回してきた面があり、これが不可能になることで、さまざまな問題が生じてしまいます。

	従来	見直し後
1年の拘束時間	3,380時間	原則：3,300時間
4週平均1週1か月の拘束時間	【4週平均1週間】原則：65時間（月換算：281時間）最大：71.5時間（月換算：309時間）	【1か月の拘束時間】原則：281時間最大：294時間 ※281時間を超える月が4か月を超えて連続しないこと。※4週平均1週の拘束時間も同水準で存置。1か月と選択可。
1日の休息期間	継続8時間	継続11時間を基本とし、9時間下限

バスの「改善基準告示」見直しのポイント

1日の休息時間
継続11時間が基本
継続9時間が下限
23時に退社すると朝のラッシュ時に乗務できない

タイムスケジュール変化の例

第2章　路線バスの走行環境①
バス営業所

横浜市交通局の滝頭営業所。バスの右後方の1階が事務所、2階以上は一般の市民が住む市営住宅になっています。バスの左後方が車両工場です。

日本の路線バスの成り立ちの考察として、次に路線バスがどのような環境の中で営業しているのか、施設と法規の両面から見ていきましょう。

路線バスの営業を支えているのはバス営業所です。バス営業所には認可を受けた数の車両が配置され、それを動かす運転士、点検や修理を行う整備士のほか、車両、運転士、整備士の管理と路線の管理、お客さんの対応などを行う事務員、そして車両の清掃を行う人などが勤務しています。

営業所の事務所には、車両と運転士の管理、営業所に来る乗客の対応などを行う事務員がいます。

従業員のための食堂がある営業所もあります。給食会社が弁当を配達している場合もあります。

従業員のための浴室がある営業所もあります。とくに工場で働く整備士がよく利用する設備です。

バスの整備を行うのが工場です。ただし、整備を専門の子会社に委託しているバス事業者もあり、工場にはその社員が勤務している場合もあります。

　運転士や事務員は事務所棟にいます。事務所棟には事務員のデスク、事務員と運転士が対面で点呼を行う点呼台、運賃箱の金庫の精算機などがあり、別室に運転士の休憩室、ロッカールーム、トイレなどがあります。また食堂や浴室、泊まり勤務の人のための仮眠室がある場合もあります。
　整備士が働くのは工場です。ここには車両の点検や修理を行うピット、部品庫、整備士用の事務室、休憩室、ロッカールームなどがあります。
　営業所で最も目につくのが、ずらりとバスが並んだ駐車場です。駐車場の一角には給油所と洗車機があり、主に営業を終えて帰ってきたときに利用します。都市部の営業所はバスの台数に対して手狭なところが多く、帰ってきたバスが、翌朝、ダイヤどおり順番に出ていけるよう並べるのは、事務員と当番の運転士の腕の見せどころです。

駐車場の一角には給油所があります。バスが入庫したあと、次の仕事に備えて給油を行います。

駐車場の一角には洗車機があります。車内清掃は契約会社の従業員が行っている場合もあります。

55

第2章 路線バスの走行環境②
バスターミナル

十六角形の各辺にバス乗り場がある遠州鉄道の浜松駅バスターミナル。左手に見えるガラス屋根の浜松駅北口とは地下通路でつながっています。浜松駅バスターミナルの設備を見ていきましょう。

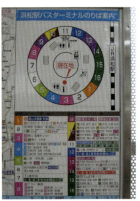

バス乗り場は方面別に色分けされ、そこに停車するバスの系統にも同じ色が使われています。

到着したバスは空いている乗り場で乗客を降ろしたあと、外側の駐車スペースで待機します。発車時間が近づくとそれぞれの乗り場に入線します。

西側（乗り場1・2の内側）に第1待合室があります。第1待合室には高速バスの乗車券と遠鉄電車・バス共通ICカードの販売窓口、ICカードの自動入金機などがあります。

東側（乗り場12・13の内側）に第2待合室があります。第2待合室には忘れものの問い合わせ窓口があり、各路線の時刻表が常備されています。

56

駅前や街の中心など数多くの路線バスが発着する場所には、バスターミナルが設置されていることがあります。バスターミナルには、バス事業者が自社路線のためにつくったもの、地方自治体などが複数の路線の拠点としてつくったものがあり、また高速バスだけが発着するもの、主に一般路線が発着するもの、一般路線だけが発着するものもあり、その規模も設備の種類もさまざまです。

共通して設けられている設備として、乗車券や定期券の販売窓口、乗車券の自動販売機やICカードのチャージ機、待合室、トイレがあります。またターミナルによっては、コンビニを含む売店、飲食店、夜行バスで着いた人のためのシャワールーム、観光案内所などがある場合もあります。

乗客向け以外の設備として、発車時間を待つバスの駐車場、運転士の休憩室があります。またバス営業所にターミナルが併設されている場合は、バス営業所のページで紹介した設備がすべて揃っています。沖縄県には営業所に併設されたバスターミナルが多く、社員専用のような食堂で乗客も食事できるなど、独特の雰囲気を持っています。

近年は乗客の安全のため、待合室とバスの停車場所がガラスで遮断され、バスが乗り場に到着すると仕切りの扉が開くターミナルが増えました。

北海道中央バスとニセコバスの営業所に併設されている岩内バスターミナル。1985年に廃止された国鉄岩内線岩内駅に代わる地域交通の拠点です。

2019年にオープンした熊本桜町バスターミナル。近年のバスターミナルは乗り場とバスの駐車場がガラスで遮断され、乗り場にバスが停車したときだけ仕切りの扉が開くところが増えました。

乗客向けの飲食店があるバスターミナルもあります。新潟の万代シテイバスセンターは、立ち食いコーナーの「バスセンターカレー」が人気です。

沖縄では営業所併設のバスターミナルで、社員食堂のような飲食店を乗客も利用できるところがあり、観光客向けではないメニューを楽しめます。

第2章 路線バスの走行環境③
バス停

バス停の標柱にはさまざまな形があります。京都バス高野車庫バス停は、すいせん型を角張らせた停名表示の上に丸板で会社名を表記しています。

　バスターミナル以外のバスの乗降場所、鉄道では駅にあたるのがバス停です。バス停にはその場所を示すため、必ず標柱が立てられています。標柱は、一本の角材などに停留所名が書かれたものから、鉄のポールの先端に停留所名が書かれた丸板をつけ、中ほどに時刻表が掲示された四角い板をつけたものになりました。さらに、表示板やポールにいろいろなデザインが現れると、しらゆり型、すいせん型などの名称がつけられました。

　1970年代から標柱の電照化が始まり、都市部のバス停は電照タイプが主流になりました。並行して、上屋やシェルターが設けられたバス停もあります。1980年代にはバスロケーションシステムの導入が相次いだため、標柱やシェルターにバスの接近が表示されるバス停も増え、バス待ち環境が改善されていきました。

角材に停名を書き、角板に時刻を記した最も原始的なタイプ。

丸板に停名を書き、角板に時刻等を記した一般的なタイプ。

停名や時刻等を記した板を楕円形のフレームで囲み、1本のポールで支える「しらゆり型」。

停名や時刻等を記した板をU字形のフレームで囲み、2本のポールで支える「すいせん型」。

停名や時刻等を記したアクリル板を立体的に4面にして、夜間は内側から照らす電照式。

一方、寒冷地や雪深い地域では、バス停に小さな待合小屋が設置されています。扉を設けて外気を遮断した小屋もあります。地元の人たちに愛され、きれいに清掃されていたり、寄付された座布団や雑誌が置かれていたりする小屋もあります。

地方で注意しなければならないのは、片側ポールです。これは標柱が片側（たいていは駅や街に向かう側）だけにあるバス停で、反対方向のバスに乗るときは標柱の向かい側に立って待たなければなりません。一本の標柱に両方向の時刻表が掲示されているのが、片側ポールの識別点です。

街中には上屋があるバス停が多く、フード部分に時刻や路線図、広告を掲載したものもあります。

運行本数が少ない路線のバス停には、地元の人たちが大切に管理している待合小屋も見られます。

地方で見られる片側ポールで、ポールが立っていない方向のバスに乗るときは、ポールの向かい側で待って、バスが来たら乗る意志表示をします。

Column　ターンテーブル

駅前や折り返し所のバス停にバスが方向転換できるスペースがないとき、ターンテーブルが設置されることがあります。バスをターンテーブルに停めた運転士が、窓から手を出してスイッチを押すと、バスが180度回転する仕組みになっています。

JR上越線の後閑駅前にある関越交通のターンテーブル。路線の途中にあるため、バスは乗客を乗せたままターンテーブルに載って方向転換します。

第2章 路線バスの走行環境④

バスロケーションシステム

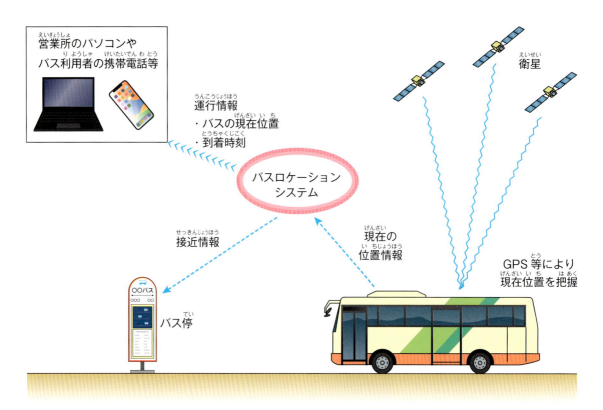

GPSを利用したバスロケーションシステム

　バスロケーションシステムとは、バスの位置情報を把握して提供するもので、道路状況によっては定時運行ができない路線バスを待つイライラを解消するため、1970年代から導入されました。
　バスに発信機を搭載し、導入当初はバス停や交差点に設置した検知器がバスの発信機からの信号を受信して位置を把握していました。しかし2000年ごろになると、バスにGPS装置を搭載し、無線や携帯電話の回線を使って位置を把握する方法に変わっていきました。バス停への表示方法も、バスが接近するとランプが点灯するような単純なものから、バスが何停留所前にいるか、あと何分くらいで到着するか、終点まで何分くらいかかりそうかなど、内容が多様化し充実していきました。
　さらに、スマートフォンが広く普及した2010年代には、バスの位置情報はバス停に表示されるだけではなく、利用者それぞれのスマートフォンやパソコンでも確認できるようになりました。これによって、家庭や学校などでバスの接近を確認してからバス停に行けばよくなったため、バス停で何分もバスを待つこと自体がなくなろうとしています。

60

1986年当時の都営バスのバスロケーションシステム。銀71系統の晴海埠頭操車所のモニターです。

バスロケのモニターがあるバス停には、各系統のバスの現在地と到着予定時分が表示されます。

スマートフォンでも、その系統を走っているすべてのバスの現在地を知ることができます。

2016年当時の都営バスのバスロケーションシステム。深川営業所のパソコンのモニターでは、定刻より5分以上遅れているバスは黄色、10分以上遅れているバスは赤色で表示されます。また利用者には右上のように、バスの現在地情報を知らせます。

Column バスレーンとPTPS

　バスがなるべく道路状況の影響を受けず、時間どおり走れるようにするものがバスレーンです。終日または決まった時間帯に、道路の1車線をバス専用または優先にして、一般車が走ることを制限するものです。さらに進んだ対策としてPTPS（Public Transportation Priority Systems：公共車両優先システム）があります。バスの接近に合わせて交差点の信号を青に変えたり、バスレーンを走る違反車両に警告を出したりするものです。

吉祥寺通りで朝と夕方に実施されているバス専用レーン。この先の交差点を右折する路線バスのために、中央車線が専用レーンになっています。

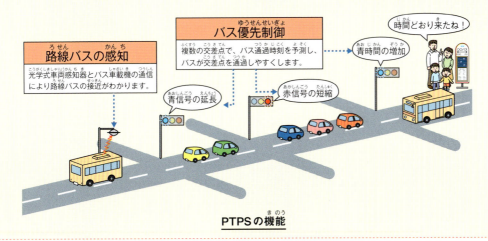
PTPSの機能

第2章 路線バスの走行環境⑤
BRT

2015年に運行を開始した新潟交通のBRT「萬代橋ライン」。一部の便が連節バスで運行されていますが、バス専用の車線は設けられていません。

2016年に開業した西日本鉄道の「Fukuoka BRT」。西鉄は北九州市でもBRTを運行しています。

2020年にプレ運行を開始した「東京BRT」。快速運転していますが、バス専用の車線はありません。

　BRT（Bus Rapid Transit）はバス高速輸送システムと訳され、もともとは南米のブラジルで導入されたものです。バス専用の車線を連節バスなどの収容力のある車両が高速走行することで、一般の路線バスより優れた速達性・定時性・輸送能力を実現した輸送システムと定義されています。
　現在は世界の都市で運行されていますが、大陸の国々に比べ道路幅が広くない日本では、都市部の道路にバス専用の車線を設けることが難しいのが現実です。2015年から運行されている新潟交通の「萬代橋ライン」や、2020年から運行されている「東京BRT」も、連節バスを導入したうえ、バス停の数を絞って速達性を発揮してはいるものの、バス専用の車線を走行するものではありません。
　一方、災害で廃止されたJR気仙沼線・大船渡線・日田彦山線の一部区間では、廃線跡をバス専用道路として整備したBRTが運行されています。また経営上の理由で廃止された茨城県の鹿島鉄道線・日立電鉄線の一部区間でも、廃線跡をバス専用道路に転用したBRTが運行されています。ただし、こちらは普通の大型バスや中型バスで運行され、連節バスを使用した大量輸送は行われていません。

「日田彦山線BRT」は、豪雨で被災したJR日田彦山線の線路跡の一部を専用道路として整備しました。

「気仙沼線BRT」は、津波で被災したJR気仙沼線の線路跡を少しずつ専用道路に改修していきました。

「かしてつBRT」は、2007年に廃止された鹿島鉄道線の線路跡の一部を専用道路に転換したものです。

Column　ガイドウェイバス

BRTをさらに進化させた形がガイドウェイバスです。これはガイドレールがある専用軌道に、案内輪がついているバスを走らせるもので、運転士のハンドル操作が必要ありません。バスではなく新交通システムと同じ軌道に分類されますが、専用軌道の外にバスとして直通できるメリットがあります。日本では名古屋市の大曽根〜小幡緑地間の「ゆとりーとライン」が唯一の営業路線です。

「ゆとりーとライン」は大曽根〜小幡緑地間で高架に建設されたガイドウェイを走行しています。

第2章 路線バス営業上の決まり①
そもそも乗合バスって何?

明治学院大学南門バス停に到着する江ノ電バス。不特定多数の旅客を定路線・定時刻で運送する事業を一般乗合旅客自動車運送事業と言います。

立教大学新座キャンパスを出る西武総合企画のバス。特定の企業や学校などと契約を結んで運送する事業を特定旅客自動車運送事業と言います。

「はじめに」で説明したように、「路線バス」というのは法にもとづく分類ではなく、「乗合バス」の中の1つの形態の通称です。では「乗合バス」とはどのようなものなのでしょうか。

バスの営業を行うには道路運送法にもとづく許可が必要です。この許可は下表のように分類されています。「一般運送」と「特定運送」はともに利用者から運賃をもらって運送するもので、使用される車両には緑色(地元の風景や名物などの図柄が入った白地に緑色の縁どりのものも含む)のナンバープレートをつけることができます。

旅客自動車運送事業の分類

- 旅客自動車運送事業
  - 一般
    - 一般乗合旅客自動車運送事業
      - 一般路線バス
      - 高速バス
      - 定期観光バス
    - 一般貸切旅客自動車運送事業
    - 一般乗用旅客自動車運送事業
  - 特定
    - 特定旅客自動車運送事業

高速バスや空港リムジンバスも乗合バスです（東急バス）。

定期観光バスは貸切バスに似ていますが、乗客を定路線・定時刻で運送する乗合バスです（京阪バス）。

「一般乗合旅客自動車運送事業」は乗客を定路線・定時刻で運送する事業で、これが乗合バスになります。乗合バスにはこの本で取り上げている路線バスのほか、高速バスや定期観光バスがあります。「一般貸切旅客自動車運送事業」は1台で11人以上を貸切で運送する事業で、小学生が遠足などで利用する観光バスがこれにあたります。

「一般乗用旅客自動車運送事業」は1台で10人以下を貸切で運送する事業で、タクシーやハイヤーがこれにあたります。「特定旅客自動車運送事業」は特定の企業や学校などと契約を結んで運送する事業で、学校や幼稚園が自前のバスではなく、バス事業者に頼んで運行するスクールバスや幼稚園バスがこれにあたります。

A

B

C

D

A：小学生が遠足などで利用する観光バスは、1台で11人以上を貸切で運送する貸切バスになります（神姫観光）。

C：特定バスとは、学校が自前でなくバス事業者に頼んで運行するスクールバスなどのことを言います（阪急バス）。

B：タクシーやハイヤーは、1台で10人以下を貸切で運送する一般乗用旅客自動車運送事業に分類されます。

D：東京都の小笠原諸島父島を走る小笠原村営バス。市町村営バスの中には、白ナンバーのバスを有料で運行しているものがあります（→73ページ）。

65

第2章 路線バス営業上の決まり②
新路線開業のステップ

地域の人たちの熱意に目黒区と東急バスが応え、2024年3月から運行を開始した「さんまバス」。

一般乗合旅客自動車運送事業の許可を持つバス事業者が、新しい路線を開業しようとしたとき、どんな手続きが必要なのかを見ていきましょう。

認可申請の事前準備

新路線を運行するには、国土交通省に認可申請をしなければなりませんが、その前に準備しておかなければならないことがあります。
① 新路線の運行目的を決め、乗客の数を予測して、運行回数や始発・終発の時刻を決めます。
② 起点・終点を決め、バスの折り返しや待機場所、運転士のトイレや休憩場所を確保します。
③ 途中の経路を決めます。
④ 途中のバス停の位置を決めます。
⑤ ①から④にもとづいて、運行距離と所要時間、運行ダイヤ、運賃、必要なバスと運転士の数を決めます。
⑥ 新路線の運行に対する国や地方自治体の補助金が得られるかどうかを確認します。

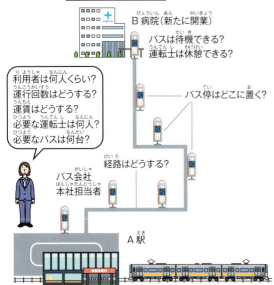

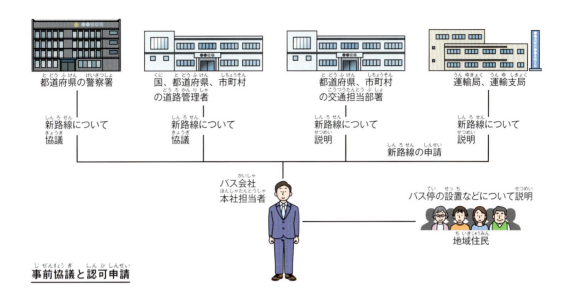

事前協議と認可申請

認可申請前の外部事前協議

バスは鉄道と異なり公道を走るので、バス事業者単独の準備のほかに外部との協議が必要です。
① バスの運行、バス停の設置などについて、警察や道路管理者と協議します。
② 地方自治体の交通担当部署に説明します。
③ 地元の住民、とくにバス停を置く場所の住民に説明します。
④ 国土交通省の運輸局または運輸支局に説明します。

認可申請

事前準備と事前協議を終えたら、国土交通省の運輸局または運輸支局に新路線の運行計画と運賃や補助金等を申請します。

運行までの事前準備

認可申請を行ったら、いよいよ運行準備にとりかかります。
① 運行開始日を決めます。
② 道路管理者に道路占用許可申請を行います。
③ 警察に道路使用許可申請を行い、バス停等の工事が必要な場合は工事業者に依頼します。
④ バス停を設置します。
⑤ 運賃関係の機器、行先表示器などに新路線のデータを書き込みます。
⑥ 定期券等の乗車券類の発売の準備をします。
⑦ 新路線開業の案内広告を行います。
⑧ 必要なバスと運転士等の要員を確保します。
⑨ 運転士の訓練を実施します。
⑩ 法令で定められている台帳類（運転基準図・停留所台帳等）を作成します。

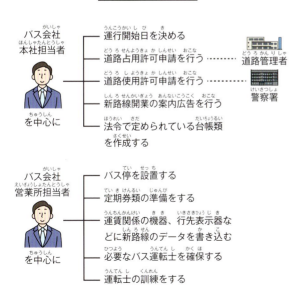

運行開始

事前準備を終え、国土交通省の認可が下りたら新路線の運行を開始します。新しく開業した施設に乗り入れる路線、地元からの要望が強かった路線などでは、出発式等を行う場合もあります。

第2章 路線バス営業上の決まり③

相互乗り入れと共同運行

東京駅〜等々力間の東98系統は、都営バスが郊外に直通する最後の路線でしたが、2013年に都営バスが撤退し、東急バスの単独運行になりました。

渋谷駅〜阿佐ヶ谷駅間の渋66系統は、現在も都営バスと京王バスの相互乗り入れ路線です。阿佐ヶ谷駅前の乗り場には、両社のバスが並ぶこともあります。

神姫バスと日ノ丸自動車が相互乗り入れで結んだ姫路〜鳥取間は、高速バスに変わったあと、2023年から日ノ丸自動車の単独運行になりました。

　戦前に施行された陸上交通事業調整法により、各事業者の営業区域が決められた日本では、どこでも自由に新路線を開業できるわけではありませんでした。しかし、人の流れは各事業者の営業区域内にはとどまっておらず、区域を越えて走る路線バスが求められる場合もありました。そんなときに行われたのが路線バスの相互乗り入れです。
　たとえば39ページで紹介したように、戦後の都営バスは民営バスとの相互乗り入れで、都心と郊外を結びました。大都市周辺では各事業者の営業区域が入り組んでいるため、相互乗り入れはあちこちで行われました。また地方では、県境をまたぐような長距離の路線が相互乗り入れで運行されました。その後、鉄道の発展やマイカーの普及によって、長距離の相互乗り入れ路線は廃止されたり、区域の境で分割されたりしましたが、大都市周辺の距離の短い路線は現在も残っています。

赤羽駅～高円寺駅間の赤31系統は、国際興業と関東バスの相互乗り入れ路線です。赤羽駅・高円寺駅と途中のバス停を両社が共同使用しています。

バスは環七通りを走行します。バス停は赤羽駅～かみのね橋が国際興業、小茂根～高円寺駅が関東バスの標柱で、両社の路線区域がわかります。

　鉄道の相互乗り入れは、両社の境界駅で乗務員交代が行われることが多いのに対し、バスは運転士交代をしないので境界がわかりにくいかもしれません。ただ注意して見ていると、路線の途中でバス停の形状が変わることに気づくはずです。
　一方、大規模な住宅地や大型商業施設などの輸送は、1社では賄いきれないことがあります。そんなときは、路線エリアが隣接する事業者同士が共同運行で路線を開設します。また2002年の改正道路交通法の施行以降は、路線区域という概念が薄れたため、共同運行という形をとることになりました。共同運行では相互乗り入れと異なり、バス停の形状は全線を通じて統一されていることが多いです。

広大な多摩ニュータウンの輸送は、京王バスと神奈川中央交通が分担しています。京王堀之内駅～南大沢駅間の堀03系統は、両社の共同運行路線の1つです。

第2章 路線バス営業上の決まり④
管理の受委託

JR深名線の廃止代替バスは、北海道旅客鉄道→ジェイ・アール北海道バスの路線ですが、2002年からは運行業務が道北バスに委託されました。

神奈川中央交通の分社子会社だった藤沢神奈交バスには、神奈川中央交通からの委託路線と移管路線がありました。委託路線には神奈川中央交通の車両（上）、移管路線には自社車両（下）が使用されました。

　1980年代末から1990年代にかけて、民営バスが地域に密着したサービスを提供するため、エリアごとに子会社を設立する分社化を行いました。このとき、路線は親会社から子会社に移管されますが、併せて行われることが多いのが路線の管理の委託（子会社から見ると管理の受委託）です。
　路線の管理委託とは、路線の免許を親会社に残したまま、実際の運行を子会社に行ってもらう方法です。営業所は両社の営業所になりますが、事務員や運転士・整備士は子会社の社員（または親会社からの出向）です。ただし免許は親会社にあるので、車両は親会社のバスが使用されます。
　管理の受委託のメリットを親会社から見ると、親会社が直営するより低い一定の金額を子会社に支払うことで、路線を維持することができるというコストダウンです。子会社から見ると、乗客の数にかかわらず一定の金額を親会社から得られることにより、経営が安定するということです。

2000年代に入ると、公営バスもコスト削減の手段のひとつとして、民営バスへの管理委託を行いました。現在では、青森市営バスの一部を岩手県北自動車、仙台市営バスの一部を宮城交通、ジェイアールバス東北、都営バスの一部をはとバス、川崎市営バスの一部を川崎鶴見臨港バス、神奈川中央交通東、横浜市営バスの一部を横浜交通開発、名古屋市営バスの一部を名鉄バス、三重交通、京都市営バスの一部を京都バス、近鉄バス、阪急バス、西日本ジェイアールバス、エムケイ、神戸市営バスの一部を阪急バス、神姫バス、山陽バス、長崎県営バスの一部を長崎県央バスが受託して運行しています。

大阪シティバスが南海バスに管理委託している井高野営業所。入口に両社の社名が並んでいます。

神戸市交通局が山陽バスに管理委託している清水が丘営業所。ここは山陽バスの営業所でもあるため、両社のバスが交じって停まっています。

川崎市交通局井田営業所の所管路線は、神奈川中央交通東に管理委託されています。

仙台市交通局白沢出張所の所管路線は、ジェイアールバス東北に管理委託されています。

第2章 路線バス営業上の決まり⑤
コミュニティバス

全国的なコミュニティバス開業ラッシュのきっかけをつくった武蔵野市「ムーバス」。吉祥寺北西循環（2号線）は関東バスに運行委託しています。

路線バスは本来、一定の収益を上げるために運行されています。たとえ収益が上がらなくても、地元の人たちに必要不可欠な路線には、国や自治体が補助金を出しています。それでも路線が維持できずに廃止されると、公共交通のないエリアが発生してしまいます。また都市部には住宅が密集しており、そのすべてに路線バスが走っているわけではありません。とくに道路が狭く大型バスが走れないような住宅地には、公共交通に恵まれないエリアが見られます。こうしたエリアを対象に地方自治体が路線などの計画を立て、バス事業者に委託して運行するのがコミュニティバスです。

都市部の住宅地でのコミュニティバスは、1980年に東京都の武蔵村山市が立川バスに運行委託した「市内循環バス」が始まりで、現在も「MMシャトル」の名で運行されています。また1995年に東京都の武蔵野市が関東バスに運行委託した「ムーバス」は、100円均一の安い運賃、15分間隔の高頻度運行、住宅地の狭い道に短い間隔で設置されたバス停など、路線バスとして先進的な取り組みがマスコミで取り上げられ、全国的なコミュニティバス開業ラッシュのきっかけをつくりました。

コミュニティバスは交通弱者にとっては大切な足ですが、そもそも路線バスが収益を上げられないエリアを走るので、路線やダイヤ、運賃の設定によっては大きな赤字を出してしまいます。赤字の補填には運行自治体の税金が使われるため、運行を継続できずに廃止された例も見られます。

市内に鉄道駅がない武蔵村山市は、1980年に「市内循環バス」の運行を立川バスに委託しました。現在のコミュニティバスの元祖的な存在です。

72

A：東武鉄道のバス路線廃止により、1987年に路線バスのない市となった館林市。隣接する4つの町と共同で「広域公共路線バス」を運行しています。

C：山梨交通の路線廃止が進んだ甲府盆地では、多くの自治体が代替交通手段を計画。南アルプス市のコミュニティバスが富士山をバックに走ります。

B：墨田区循環バス「すみだ百景」「すみまるくん」「すみりんちゃん」の小型バスは、「東京スカイツリー®」を見上げられるよう天窓がつけられています。

D：スキーのジャンプ台を横目に走る飯山市「菜の花バス」。乗客の少ないコミュニティバス路線では、ワゴンタイプの小型バスも使用されています。

Column 白ナンバーのバス

　地方自治体が自ら、または委託して運行している市町村営バスには、営業用の緑ナンバーではなく、自家用の白ナンバーのバスが使用されているものがあります。これを「80条バス」と言います。コミュニティバスと同じように、通常の路線バスが走っていないエリアで、公共の福祉を確保するためにやむを得ない場合に限り運行が認められています。これを規定する道路運送法が旧80条（現78・79条）だったことから名づけられました。

津軽半島まで路線を延ばしていた青森市営バスが廃止され、外ヶ浜町は町営バスの運行を開始しました。竜飛岬を訪ねる観光客も利用しています。

沖縄本島北端の沖縄バスと琉球バスの路線が廃止されたため、両社のバスの終点になった辺土名と奥集落を結ぶバスを国頭村が運行しています。

Column フリー乗降制

京都市北部の花背の里を走る京都バス広河原線。鞍馬温泉～広河原間はフリー乗降区間で、車体内蔵のスピーカーから音楽を流しながら走ります。

　路線バスの乗降は原則としてバス停で行われますが、バス停以外でも乗降できるようにするサービスをフリー乗降制または自由乗降制と言います。主に地方で行われており、バス停の間の距離が長く、バス通りの交通量が少ない路線で行われます。高齢者等が自宅に近いところで乗降できることがメリットです。

　バスに乗るときは、接近してくるバスに向かって手を上げます。運賃は乗車地点のすぐ手前のバス停から下車地までの金額と同じになります。

　バスを降りるときは、降りたい場所の目印（○○商店の前、△△橋のたもと、など）を早めに運転士に伝えます。運賃は乗車地から下車地点のすぐ先のバス停までの金額と同じになります。

　ただし、交差点とその周辺、急坂や急カーブの途中など、そこにバスが停車すると危険が生じるような場所では、乗降することができません。

　フリー乗降制と併せて採用されることがあるのがメロディーバスです。メロディーバスは、フリー乗降区間に入るとスピーカーから音楽を流し、バスの接近を待っている人に知らせながら走ります。

都営バスにもフリー乗降区間があります。梅74・76系統の柳川バス停以北で、この系統を走るときは前後のフリー乗降区間の案内板を裏返します。

西武観光バス中津川線は三峰口駅以西がフリー乗降で、メロディーバスが走ります。この路線に使用される車両は、屋根にスピーカーがあります。

第3章

路線バスの車両

東急バスの日野製の連節バス。

路線バスにはどんな車両が使われているのでしょうか。
この章では日本で生産されている路線バスの車両について、
エンジンの位置、床の高さ、動力、
車体の大きさなどに分けて解説したあと、
路線バスの装備品の一部についても紹介します。

第3章 路線バス車両の種類①
路線バスのメーカー

西日本車体工業は西鉄グループのボディメーカーで、4メーカーの西鉄バスにボディを架装していました。写真は上からいすゞ、日野、日産ディーゼル、三菱の大型バスですが、このように外観はほぼ変わらず、乗客に同じサービスが提供できました。

　さまざまな路線バスの車両を見ていく前に、日本のバスメーカーについて知っておきましょう。
　バスのメーカーには、エンジンと自動車を支える骨格を製造するシャーシメーカー、車体を製造するボディメーカーがあります。一般的にバスメーカーというときは、シャーシメーカーをさします。しかしエンジンやシャーシは見えないため、バスの外観はボディメーカーの違いによって決まります。つまり、同じシャーシメーカーのバスでも、ボディメーカーが異なればまったく違う外観になり、違うシャーシメーカーのバスでも、ボディメーカーが同じならほぼ同じ外観になります。
　現在、国内を走っている大型バス・中型バスのシャーシメーカーは、右ページ上の表のとおりです。このうち、日産自動車は1967年、トヨタ自動車は1974年に大型バスの製造をやめ、マイクロバスだけを生産したことから、いすゞ、日産ディーゼル（UDトラックス）、日野、三菱の4社を一般的に「ディーゼル4メーカー」と呼んでいます。
　このなかで、いすゞと日野は協業関係にあり、2004年から同型のバスを生産しています。また、三菱と日産ディーゼルは2007年から相互にOEM供給（相手ブランドのバスの製造）を開始しましたが、日産ディーゼルは社名をUDトラックスに改めたあとの2011年にバスの製造から撤退しました。さらに、トヨタは2017年に燃料電池バスの量産を開始し、再び大型バスのメーカーになりました。
　一方、現在、国内を走っている大型バス・中型バスのボディメーカーは、右ページ下の表のとおりです。ボディメーカーは当初、複数のメーカーのシャーシにボディを架装していましたが、1960年代から系列化が始まり、1970年代にはいすゞ＋川重車体工業、日産ディーゼル＋富士重工業、日野＋日野車体工業、三菱＋三菱自動車工業・呉羽自動車工業という組み合わせが標準仕様になりました。ただし、富士重工業は日産ディーゼル以外の3メーカーにもボディを架装し、北村製作所は東日本中心、西日本車体工業は西日本中心に、4メーカーにボディを架装していました。このため1990年代までのバスは、ボディの外観でシャーシメーカーを見分けることが非常に困難でした。

その後、北村製作所は1987年に大型・中型バスボディの製造を中止しました。富士重工業は2003年にバスボディの製造をやめたため、日産ディーゼル＋西日本車体工業の組み合わせになりましたが、西日本車体工業は2010年にバスボディの生産を打ち切りました。このため現在は、いすゞ・日野・トヨタ＋ジェイ・バス、三菱ふそう＋三菱ふそうバス製造という組み合わせになっています。

新潟県に本社がある北村製作所が、1987年まで製造したボディが架装されたいすゞ製の大型バス（新潟交通）。

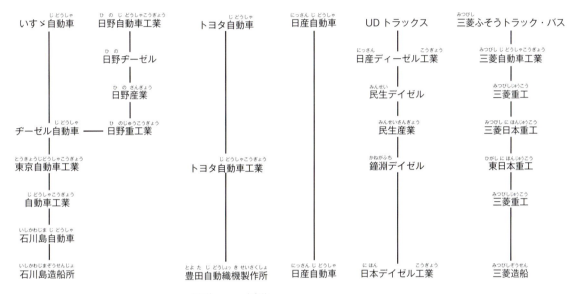

大型バス・中型バスのシャーシメーカー

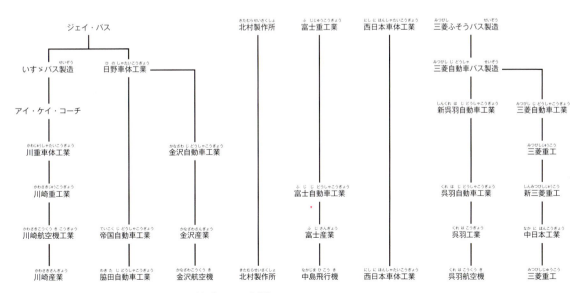

大型バス・中型バスのボディメーカー

77

第3章 路線バス車両の種類②
ボンネットバス

四国交通のいすゞBXD型。定期観光バスに使用されていたため、座席がリクライニングシートに交換されています。2023年にクラウドファンディングでレストアされ、写真の旧カラーから路線バス時代のカラーに変わりました。

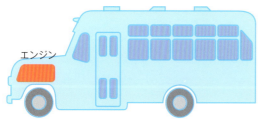

ボンネットバスのエンジンレイアウト

東海自動車のいすゞBXD型。1964年以前の車両なので前照灯が2灯のマスクを持ちます。1976年からしばらく中伊豆で「伊豆の踊子号」に使用され、ボンネットバスの復活ブームを巻き起こしました。

　ボンネットバスとは、前輪より前にエンジンが置かれ、エンジンルームと客室が完全に分かれている形のバスのことを言います。エンジンの整備が行いやすく、エンジンの熱を逃がしやすい長所がありますが、全長いっぱいに客室がとれないので、全長に対して定員が少ない短所があります。
　バスを含めた初期の自動車はみなこの形で、乗用車の多くは現在もこの形です。しかし同じ全長の箱形のバスより定員が少ないため、箱形のバスのほうがバス事業者に選ばれるようになり、1967年のいすゞ自動車製を最後に生産が終了しました。また豪雪地帯用として、四輪駆動のトラックシャーシにバスの車体を載せたボンネットバスもありましたが、こちらも1979年のいすゞ自動車製を最後に生産が終了しました。ボンネットバスは運転席から路肩が確認しやすいため、1970年代以降は道路が狭い山間部などを中心に使用されました。

鞆鉄道のいすゞBX型。1962年までのいすゞ車は、ボンネットカバーが左右に分かれて開くタイプでした。現在も福山市内で定期観光バスに使用されています。

岡山県の高梁市が所有し、備北バスが運行するトヨタDB型。夏季には吹屋のベンガラ格子の街並み（→16ページ）を巡るバスとして走っています。

その後のボンネットバス

定期路線のボンネットバスは1980年代に運行が終了しましたが、冬季には現在も岩手県の八幡平で四輪駆動のボンネットバスが活躍しています（→8ページ）。また観光用やイベント時に使用するため、いつでも動ける状態でボンネットバスを保存（動態保存）しているバス事業者が全国に数社あります。

なお、観光地等にレトロ調バスが登場したのを受けて、1990年代末から2000年代に、キャブオーバーのマイクロバスの運転席を後退させ、ボンネットスタイルに改造したバスが生産されました。

NPO日本バス保存会が所有する日野BH型。日野車は最後までレトロなスタイルのボンネットでした。岩手県交通で活躍した車両が保存されています。

三菱自動車工業がマイクロバスをベースに商品化したボンネットバス。群馬県の草津町はジェイアールバス関東に委託し、町内巡回バスとして走らせました。

神戸市交通局のいすゞFTR型。生え抜きのいすゞBX型が排出ガス規制で市内を走れなくなったため、トラックシャーシに車体を載せて新製したものです。

第3章 路線バス車両の種類③

キャブオーバーバス

東武博物館に展示されている日産180型。東武鉄道の廃車体が博物館開館のときに復原されました。

キャブオーバーバスのエンジンレイアウト

鹿児島交通のいすゞBF型。大型バスが走れないローカル路線で1960年代に使用されていました。

　キャブオーバーバスとは、前輪より前にエンジンが置かれ、エンジンルームを覆うように箱形の車体が載せられた形のバスのことを言います。全長いっぱいに客席がとれ、ボンネットバスより定員が多いという長所がありますが、エンジンの音と熱が車内に伝わり、前扉がつけにくいためワンマンバスに向かないという短所があります。
　より多くの乗客を運ぶ目的で、戦前から生産が始まり、戦後の米軍トラック改造の際も、キャブオーバーが主流になりました。しかしボンネットバスのシャーシがベースだったため大型化できず、ワンマン化にも対応できなかったため、路線バスへの採用は1960年代までになり、後面に扉をつけるためリヤエンジンバスが使えない、レントゲンバスなどの特装車だけに使用されました。

西武バスのいすゞBF型。秩父の中津川線にあった断面の小さなトンネルを通るため、上部を大きく傾斜させた車体を特注したものです。"三角バス"と呼ばれるこの車両は、西武バスが保存しています。

その後のキャブオーバーバス

1950年代の末にトヨタ自動車が初めてマイクロバスを製造した際、キャブオーバーの形が選択されました。以後、他のメーカーの車両も含め、マイクロバスは一部を除いてキャブオーバーです。マイクロバスは次第に進化を遂げて、現在は扉が前寄りに取り付けられたためワンマン化にも対応でき、後面にリフトを取り付けることでバリアフリー化も図れるため、路線バスにも使用されています。

奈良交通のいすゞジャーニーQ。1968～95年に製造された小型バスで、エンジンが後部にないため、1986年から後部に扉がある仕様が加わりました。奈良交通はローカル路線用に多数導入しました。

産交バスの三菱ローザ。マイクロバスは現在に至るまでほとんどがキャブオーバーです。エンジンがない後面にリフトをつけるため、バリアフリーな路線バスとしても使用されています。

関越交通のトヨタハイエースコミューター。ワゴンタイプはフロントエンジン化が進みましたが、国内のハイエースはまだキャブオーバーです。コミュニティバスなどで数多く使用されています。

第3章 路線バス車両の種類④
センターアンダーフロアエンジンバス

NPO日本バス保存会が所有する日野BT型。長野県の信南交通では山間路線用と貸切用に日野BTを採用しましたが、その1台をNPOが保存しています。

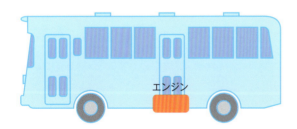

センターアンダーフロアエンジンバスのエンジンレイアウト

センターアンダーフロアエンジンバスとは、前輪と後輪の間の床下にエンジンが吊り下げられ、箱形の車体が載せられたバスのことを言います。全長いっぱいに客室がとれ、扉の取り付け位置が自由になる長所がある半面、客室の床下にエンジンがあるため、低床化できない短所があります。

リヤエンジンバスの生産が本格化していた1952年、日野自動車工業だけは独自の道を選び、センターアンダーフロアエンジンバスの販売を開始しました。以後、モデルチェンジを重ねて1963年まで生産し、全国の多くの事業者に導入されたほか、医療関係などの特装車にも使用されました。

東京都交通局の日野BD型。都営バスのセンターアンダーフロアエンジンバスは1954年度からワンマン化直前の1961年度まで導入されていました。

京王帝都電鉄の日野BD型。観光バスのようなメトロ窓（引き違い窓）のデラックス車で、ボディは富士重工業が架装しました。

東京都の中央区が「銀ブラバス」として採用した日野CG型。特装車用のシャーシにレトロ調のボディを載せものです。銀座エリア活性化のため、東京都交通局に委託して区内を循環運行しました。

その後のセンターアンダーフロアエンジンバス

バス用には生産を終了したセンターアンダーフロアエンジンのシャーシですが、日野自動車工業は特装車用として生産を続けました。1989年には東海自動車が、このシャーシにレトロな路面電車のような車体を載せたバスを伊豆高原に走らせました（→48ページ）。この車両はエンジンルームのない最後部に展望席を設けたことが特徴で、これをまねたレトロ調バスが多くのバス事業者に導入されました。

1985年に開催されたつくば万博（国際科学技術博覧会）の来客輸送用として、日本に初めて登場した連節バスも、スウェーデンのボルボ製センターアンダーフロアエンジンのシャーシで、ボディは富士重工業が架装しました。富士重工業は1987年に、このシャーシを使った高速バス・観光バスを発売しました。最後部の空間は客室やサロンルーム、乗務員仮眠室などに活用されました。

京浜急行電鉄が「京急りんどう号」として導入した日野CG型。エンジンのない最後部は展望台になっています。鎌倉の観光路線で活躍しました。

旭川電気軌道のボルボB10M型。エンジンは前車の前後輪間の床下にあります。つくば万博で使用された車両のうちの3台が北海道に渡りました。

ジェイアールバス関東のB10M型。高速バス・観光バスタイプはアステローペと名づけられました。最後部階下には座席と乗務員仮眠室があります。

83

第3章 路線バス車両の種類⑤
リヤエンジンバス

旭川電気軌道の三菱MR型。高度経済成長期の大量輸送の担い手として、旭川電気軌道に吸収される前の旭川バスが1963年に3台導入した3軸リヤエンジンバスです。廃車後に倉庫になっていた1台が2023年にレストアされてよみがえりました。

リヤエンジンバスのエンジンレイアウト

東京都交通局の「富士号」。富士産業との協力により1949年に誕生した日本初のリヤエンジンバスです。同社の伊勢崎工場で保存され、「スバルビジターセンター」での展示準備が進められています。

　リヤエンジンバスとは、後輪より後ろにエンジンが置かれ、エンジンルームを覆うように箱形の車体が載せられた形のバスのことを言います。エンジンの熱を逃がしにくい短所があるものの、全長いっぱいに客席がとれ、前後輪にかかる重さのバランスが一定で乗り心地が良く、エンジンと駆動輪が後部にまとまっているので低床化が図りやすいなど、バスには最適なスタイルと言えます。
　東京都交通局と富士産業（のちの富士重工業）の協力により1949年に試作され、日野自動車工業を除いたメーカーで1950年代から生産されました。日野自動車工業も1960年に大型、1964年に中型、1985年に小型のリヤエンジンバスを発売し、国産のマイクロバス以外の一般路線用バスは、大型から小型までリヤエンジンバスだけになりました。

奈良交通が1979年に導入した3扉低床バスの日野RC型。

京王帝都電鉄が1995年に導入したワンステップバスの日産ディーゼルJP型。

その後のリヤエンジンバス

　一般路線用のリヤエンジンバスは、乗り降りのしやすさを求めた改良が行われ、1972年には地上からの床の高さを95cmから80cmに下げた低床バス、1988年には床が65cmのワンステップバス、1997年には床が34cmのノンステップバスが発売されました。また地球環境に配慮したハイブリッドバスやCNGバス、燃料電池バス、電気バスなども、すべてエンジンやモーターが後輪の後ろに置かれたスタイルです。
　一方、高速バス・観光バスは見晴らしの良さを求めた改良が行われ、床を20cm上げたハイデッカー、50cm上げたスーパーハイデッカー、2階建てのダブルデッカーなどが活躍を開始しました。

京都市交通局が1997年に導入したノンステップバスの三菱MP型。

一般路線でも観光地では眺望の良いハイデッカーが使用されています。ジェイアールバス東北の十和田北線では、東北新幹線と同じカラーの日野セレガが活躍しています。

第3章 路線バス車両の種類⑥
リフトつきバス

大阪市交通局が1991年に導入したリフトつきの路線バス。リフトは前扉に装着され、運転士が運転席を離れずに操作できることが特徴でした。

前扉リフトつきバスは大阪市・京都市・神戸市の交通局が共同で開発しました。京都市ではワンステップバスの一部にもリフトを装着しました。

東京都交通局は1973年、養護学校の通学バスに3枚折戸の中扉をつけてリフトを装着しました。

　路線バスがボンネットバスからリヤエンジンバスに進化したとはいえ、地上から客席までにステップを2段上がる構造は同じでした。東京都交通局が運行していた養護学校の通学バスも同様で、車椅子の児童や生徒の乗降には何人もの介助が必要でした。そこで東京都交通局は1973年、中扉を開口部の広い外開きの3枚折戸とし、電動式のリフトを装着した専用車を開発して導入しました。
　路線バスにもリフトがつけば、車椅子利用者の社会参加につながります。そこで大阪市交通局は京都市交通局・神戸市交通局と共同で、リフトつきの路線バスを開発し、1991年に運行を開始しました。このバスは前扉を開口部の広いグライドスライドドア（2枚の扉が左右の内側に開く扉）とし、電動式のリフトを装着して、運転士が運転席からボタンで操作する仕組みのものでした。

山梨交通が1993年、民営バスとしては初めてリフトつきバスを導入しました。中扉を広幅のグライドスライドドアにしてリフトを装着しました。

国際興業が1997年に採用したリフトつき中型ワンステップバス。中型バスにリフトをつけた例はあまり見られません。

大阪市の仕様は運転士が運転席を離れずに済む長所がありますが、車椅子が通れるように運賃箱を移動可能にするなど、スペース的には厳しい部分がありました。そこで1993年以降に導入した公営バス・民営バスでは、中扉を開口部の広いグライドスライドドアとし、ここに電動式のリフトを装着して、運転士が車外の中扉横にあるボタンで操作する方式に変更されました。リフトつきバスは高価であったため、採用された台数は多くはなく、スロープ板がついたワンステップバスやノンステップバスが登場すると、役割を終えました。

横浜市交通局が1991年に採用したリフトつきの小型バス。キャブオーバーの構造を利用して後面にリフトをつけたマイクロバスは、現在まで生産が続けられています。

養護学校（現在は特別支援学校）の通学バスは車椅子を車内で移動させるため、車内に段差があるワンステップバスやノンステップバスが使いにくく、現在もリフトつきバスが使用されています。

高速バスや観光バスの多くはハイデッカーであるため、車椅子が乗降できるリフトつきバスが現在も活躍しています。また1階にスロープ板で乗降できるダブルデッカーも使用されています。

第3章 路線バス車両の種類⑦
ワンステップバス

防長交通が近鉄バスから中古購入した日野ブルーリボンシティHUワンステップバス。日野といすゞの市販型ワンステップバスは当初、中扉より後ろの床がスロープになっているのが標準仕様でした。

京浜急行電鉄の日野ブルーリボンHTワンステップバス。京急は1988年にいち早くワンステップバスを開発しましたが、床の高さは63〜65cmあり、スロープ板での車椅子の乗降はできませんでした。

東京都交通局のいすゞLV都市型超低床バス。1991年に4メーカーと共同で床の高さが55〜59cm、スロープ板つきのワンステップバスを開発しましたが、構造が特殊だったため非常に高価な車両でした。

　路線バスはメーカーの努力によって、地上から90cm以上あった床が1970年代前半に80cmになり、1970年代後半には70cmの都市型低床タイプも登場しました。とはいえ、地上から客席までにステップを2段上がる構造は変わっていませんでした。
　そんななか、京浜急行電鉄は1988年に日野自動車工業と共同で、床が前扉63cm・中扉65cmでステップが1段のワンステップバスを開発し導入しました。さらに東京都交通局は1991年に4メーカーと共同で、床が前扉55〜56cm・後扉58〜59cmのワンステップバスを開発し導入しました。この車両は中扉に電動式のスロープ板が装着され、車椅子利用者がそのまま乗降できるようになりました。

西鉄バス北九州の日産ディーゼルJPワンステップバス。西日本鉄道と西日本車体工業は、中型車の全長を大型車なみに延ばすことで、スロープ板つきで安価なワンステップバスを開発しました。

京成電鉄の日野レインボーRJワンステップバス。1989年の日産ディーゼル製を皮切りに、中型車のワンステップバスも普及していきました。

しかし、この車両は床を下げたために構造が複雑で、非常に高価なものでした。そこで西日本鉄道は1992年に西日本車体工業と共同で、大型車より床が低い中型車をベースに全長を延ばし、床が58cmで中扉に手動式のスロープ板を装備したワンステップバスを開発しました。さらに西日本鉄道と西日本車体工業は研究を重ね、1994年には床が53cmのワンステップバスを登場させ、スロープ板は電動車椅子が自走できる角度になりました。

1990年代後半には4メーカーの床が53cmのワンステップバスが出揃い、ノンステップバスが発売されたあとも多くの事業者に採用されています。

福島交通の三菱エアロミディMJワンステップバス。1996年の日産ディーゼル製を皮切りに、全長7mのワンステップバスも発売されました。

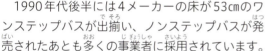

豊鉄バスの三菱エアロスターワンステップバス。現在のワンステップバスは、中扉の後ろで1段上がる構造になっています。2015年以降、国産のワンステップバスは三菱製だけになりました。

89

第3章　路線バス車両の種類⑧

ノンステップバス

仙台市交通局のいすゞエルガLVノンステップバス。初期型ノンステップバスは、中扉より後ろに段差がありませんでした。これを実現するため、いすゞ・日野・日産ディーゼルはドイツのZF社製のオートマチック・トランスミッションを搭載しました。

神戸市交通局の日野ブルーリボンHUノンステップバス。初期型の中扉より後ろもフラットな構造を利用して、神戸市交通局や名古屋市交通局は、それまでの車両に準じた後扉つきで発注しました。

東急バスの日産ディーゼルUAノンステップバス。初期型ノンステップバスは高価だったため、東急バスと日産ディーゼルはワンステップバスをベースにして、中扉の後ろでステップを2段上がる比較的安価なノンステップバスを開発しました。

　乗降口にステップのないノンステップバスは、1984～86年に三菱自動車工業が試作し、名古屋鉄道・岐阜乗合自動車・京浜急行電鉄に納入されましたが、広く普及することはありませんでした。1997年には三菱自動車工業と日産ディーゼル工業、1998年にはいすゞ自動車と日野自動車工業が、床が33～34cmのノンステップバスの量産を開始しました。東京・名古屋・京都・大阪・神戸の交通局と東急バス・旭川電気軌道などで採用されましたが、ノンステップを実現するための構造が非常に複雑で、三菱製以外はドイツのZF社製のオートマチック・トランスミッションが搭載されているなど、非常に高価なものでした。またエンジンルームが天井近くまであり、乗車定員も減ってしまいました。

こうした課題を解決するため、日産ディーゼルといすゞはワンステップバスをベースにして、前扉と中扉の間だけをノンステップとし、中扉より後ろはステップを2段上がるタイプのノンステップバスを発売しました。また日産ディーゼル・日野・三菱は、中型車の全長を延ばしたノンステップバスも商品化し、初期型に比べ価格が安かったことから、以後はこれらが普及していきました。

　ノンステップバスは燃料タンクが床下に収まらないため、前輪と中扉の間に燃料タンクを置き、その部分の床が1段高い構造になっていました。ほとんどの事業者では、タンクの上を横向きの座席にしていました。しかし規制緩和によって、燃料タンクにスチールでなく樹脂が使用できることになり、形の自由度が高まりました。そのため2014年の三菱製大型車を皮切りに、前輪のタイヤハウスに巻き付くようなタンクとなり、フラットな床に前向きの座席が配置されるようになりました。

京阪バスの三菱エアロミディMKノンステップバス。初期型ノンステップバスは高価だったため、ワンステップバスと同じように、中型車の全長を大型車なみに延ばしたノンステップバスが三菱・日野・日産ディーゼルから発売されました。

北越後観光バスの日野レインボーHRノンステップバス。1999年に日野、2000年に三菱から、全長7mのノンステップバスの販売が開始されました。

阪急バスのいすゞエルガLVノンステップバス。現在のノンステップバスは、燃料タンクが前輪のタイヤハウスに巻き付くように置かれており、タイヤハウスの後ろの床がフラットになっています。

第3章 路線バス車両の種類⑨
電気式ハイブリッドバス

横浜市交通局のいすゞエルガハイブリッド。バッテリーは客室の最後部右側に搭載されています。

東京都交通局が1991年に採用した日野ブルーリボンハイブリッド「HIMR」。市販前の試作車でした。

北海道中央バスの日野ブルーリボンシティハイブリッド。低公害であることをアピールするため、一般車と異なるボディカラーで導入されました。

　人々の地球環境問題への関心が高まりつつあった1991年、日野自動車工業はディーゼル・電気式ハイブリッドバス「HIMR」を開発しました。これは減速時のエネルギーで発電してバッテリーに蓄電し、発進や登坂などエンジンに負荷がかかるときに、バッテリーの電気でモーターを回してエンジンを助ける仕組みの車両です。このようなハイブリッドシステムは「パラレル式」と呼ばれます。
　発進と停止を繰り返す市街地や、急坂が連続する山岳地帯の路線を中心に、活躍が始まりました。
　2005年にはバッテリーを屋根上に設置してノンステップになった「ブルーリボンシティハイブリッド」が登場しました。また2014年にはモーターとエンジンの間にクラッチを挟むことにより、発進時はモーターだけ、加速時はエンジン＋モーターで走行する新しいシステムに変更されました。

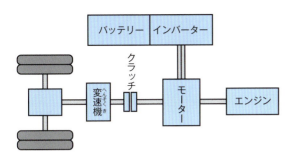

パラレル式ハイブリッドバス（初期）

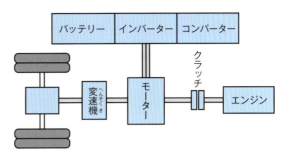

パラレル式ハイブリッドバス（現在）

　2012年には同じ「パラレル式」のいすゞ「エルガハイブリッド」が発売されました。こちらはバッテリーが客室最後部の右側に搭載されているのが特徴です。2017年から日野といすゞのハイブリッドバスは統合モデルとなり、「ブルーリボンハイブリッド」「エルガハイブリッド」として生産が続けられています。

　一方、三菱ふそうトラック・バスは2000年、「エアロノンステップHEV」を開発しました。小型エンジンで発電してバッテリーに蓄電し、バッテリーの電気で高出力モーターを回して走る仕組みの車両です。このようなハイブリッドシステムは「シリーズ式」と呼ばれます。2002年から活躍が始まり、2007年に「エアロスターエコハイブリッド」に改良されましたが、導入したバス事業者はわずかにとどまり、2010年には生産が終了しました。

西武バスの日野ブルーリボンハイブリッド。現行モデルはバッテリーがかなり小型になりました。またエルガハイブリッドも同型になっています。

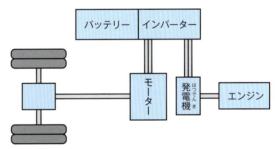

シリーズ式ハイブリッドバス

函館バスが4台採用した三菱エアロスターエコハイブリッド。バッテリーは屋根上、モーターと発電用エンジンは最後部の床下に搭載されました。

第3章 路線バス車両の種類⑩
蓄圧式ハイブリッドバス

1995・96年に生産された「MBECS-Ⅲ」。ボディがフルモデルチェンジされて、前扉のみワンステップになりました。神奈川中央交通は一般車と異なるボディカラーで低公害をアピールしました。

1996年から2000年まで生産された「MBECS-Ⅱ」。エンジンが変わり、アイドリングストップ装置がつけられました。川崎市交通局は2台採用し、大きなハートマークで低公害をアピールしました。

1993年から1995年まで生産された「MBECS」。初めて登場した蓄圧式ハイブリッドバスで、名古屋市交通局は1994・95年に計3台を採用しました。

三菱自動車工業は1993年、蓄圧式ハイブリッドバス「MBECS」を発売しました。これは減速時のエネルギーを油圧として蓄積し、発進や加速などエンジンに負荷がかかるときに、油圧でエンジンを助ける「制動エネルギー回生システム」を装備している車両です。発進と停止を繰り返す市街地の路線を中心に導入されました。1995年にはアイドリングストップ機能と酸化触媒マフラーが装着されて「MBECS-Ⅱ」に、1996年には車体がモデルチェンジされて「MBECS-Ⅲ」に変更されました。「MBECS-Ⅲ」には前扉がワンステップ、中扉がツーステップの低床車も見られましたが、床下に「制動エネルギー回生システム」があるのでそれ以上の低床化ができず、期待どおりの低公害・省エネ効果も得られなかったため、2000年に生産が中止され、三菱ふそうのハイブリッドバスは「エアロノンステップHEV」に引き継がれました。

一方、同じ仕組みの蓄圧式ハイブリッドバスを1995年、日産ディーゼル工業が「ERIP」、いすゞ自動車が「CHASSE」の名前で発売しました。いずれも採用は大都市の公営バスなど一部に限られ、モデルチェンジすることなく生産を終了しました。

1996年から1998年まで生産された「CHASSE」。生産台数が限られ、横浜市・川崎市・東京都の交通局だけが導入、横浜市は1台だけ採用しました。

東京都交通局は14台の「CHASSE」を採用し、新宿・小滝橋・大塚・巣鴨の営業所に配置しました。

横浜市交通局は4台の「ERIP」を導入。すでに他の車両はワンステップでしたが、低床化できない「ERIP」はツーステップで新製されました。

1995年から1999年まで生産された「ERIP」。生産台数はわずかで、大阪市・横浜市・東京都の交通局と会津乗合自動車だけに導入されました。

第3章 路線バス車両の種類⑪

CNGバス

富士急山梨バスの日産ディーゼルUA型CNGバス。富士急グループは富士山周辺の自然環境を保護するため、1995年からCNGバスの運行を開始しました。

大阪市交通局のいすゞキュービックCNGバス。大阪市交通局は1995年にCNGバスを導入し、のちに低公害車を一般車と異なるブルーの外装に変更しました。

山梨交通のいすゞLR型CNGバス。1997年にいすゞから中型CNGバスが発売され、山梨交通は翌年から山梨県内に新製配置する全車をCNGバスにしました。

　ハイブリッドバスと並行して、CNG（圧縮天然ガス）を燃料にしたバスも開発されました。日産ディーゼル工業は1993年、東京ガスなど3社と共同でCNGバスを開発し、翌年から公営バスの一部と西日本鉄道で試験運行を行いました。これを踏まえて1996年から市販を開始し、同年にはいすゞ自動車、1998年には三菱自動車工業もCNGバスの販売を開始しました。CNG車はディーゼル車に比べ、NOxの排出量が60〜70％削減できるうえ、黒煙がまったく出ないことから、大都市の路線や富士山の登山バスなどで活躍するようになりました。
　床下に燃料タンクのボンベが搭載されたCNGバスも、低床化できないことが欠点でしたが、高圧保安法の改正で軽量容器の使用が認められたことから、1998年には日産ディーゼルが屋根上にボンベを載せたノンステップバスを発売し、いすゞ自動車、三菱自動車工業、日野自動車工業も相次いでCNGノンステップバスの販売を開始しました。
　しかし、CNGバスではCO_2の削減効果は少なく、充填に長時間を要するうえ、高温で燃焼するため劣化が早いこともあり、最後まで生産されていたいすゞエルガも、2017年に販売を終了しました。

ジェイ・アール北海道バスの三菱エアロスターCNGバス。日産ディーゼル・いすゞ・三菱のCNGバスはボンベを屋根に載せてノンステップになりました。ジェイ・アール北海道バスは、バス事業から撤退した札幌市交通局のCNGバスを引き継ぎました。

近鉄バスの日野ブルーリボンシティCNGバス。日野はハイブリッドバスの開発に力を入れていたことから、CNGバスの製造は少数にとどまりました。

東京都交通局の日産ディーゼルRM型CNGバス。いすゞと日産ディーゼルの中型CNGバスも、ボンベを屋根に載せてノンステップバスになりました。

さいたま市コミュニティバスの日野リエッセCNGバス。小型のCNGバスは生産されませんでしたが、コミュニティバスを運行する自治体などからの要望を受け、CNGバスへの改造が行われました。

昭島市コミュニティバス「Aバス」の日野ポンチョCNGバス。こちらもCNG改造車ですが、ガスボンベが屋根上でなく客室の最後部に搭載されました。

第3章 路線バス車両の種類⑫

燃料電池バス

トヨタ自動車の地元である、豊田市のコミュニティバス「おいでんバス」に使用されている燃料電池バスのミラノス。2014年に製造された試作モデルで、2015年から営業運転が開始されました。

東京都交通局が2017年に試験運行を行った燃料電池バスの先行量産車。まだ試作車に近いスタイルでした。およそ1年間の運行を終えてトヨタに返却され、代わりに量産車の導入が始まりました。

2000年代に入ると、燃料電池バスの開発が進められました。燃料電池バスとは、燃料電池で燃料の水素と空気中の酸素を化学反応させて、発生した電気でモーターを回して走る車両です。走行時に発生するのは水蒸気だけであり、大気汚染の原因になるCO_2や黒煙などは一切排出されません。
トヨタ自動車と日野自動車工業が共同開発した車両が2002年の東京モーターショーで発表され、東京都交通局や愛知万博などで実験運行しながら改良が重ねられました。その結果、トヨタ自動車が市販する燃料電池自動車「ミライ」のシステム2台分を搭載する形に変更され、2015年には豊田市コミュニティバスで試作車「ミラノス」、2017年には東京都交通局で先行量産車の実験運行が行われました。

横浜市交通局が2019年から運行を開始した燃料電池バスの量産車SORA。スタイルが大きく変更されたほか、ノンステップフロアの進行右側は自動格納機能つきの横向きシートになっています。

公営バスだけでなく、民間会社でもトヨタSORAが活躍を開始しました。宮城交通は2021年から仙台市・富谷市などの路線で1台を使用しています。

　こうした実験をふまえて2018年、トヨタ自動車は「SORA」の名前で燃料電池バスのリースを開始し、東京都交通局をはじめとする全国のバス事業者で活躍を開始しました。燃料電池バスは究極の低公害車と言えますが、車両が非常に高価であること、燃料の水素も高価であること、燃料を補給する水素ステーションが少ないことなどが課題になっています。しかし東京都交通局が2024年度中に、全国初の営業所内水素ステーションの建設を予定しているなど、使用環境を整備したうえでの導入の拡大が期待されています。

神姫バスのトヨタSORA。2021年に1台を採用しました。

しずてつジャストラインのトヨタSORA。2023年に2台を採用しました。

第3章 路線バス車両の種類⑬

電気バス

いすゞエルガミオを改造した川崎鶴見臨港バスの電気バス。川崎市が推進する川崎駅周辺地区スマートコミュニティ事業の一環として、2015年に川崎駅〜市立川崎病院間で使用されました。

北九州市交通局が運行した韓国HFGの電気バス。北九州市のゼロエミッション交通システム実現の一環として、2014年に2台が導入されました。

京都急行バスが2015年に5台採用した中国BYDの電気バス。バッテリーは客室の前輪タイヤハウスの上にあり、一晩の充電で1日走行できます。

　電気バスは燃料の供給が十分でなかった終戦後や、公害問題がクローズアップされた1970年代に大都市の一部で使用されましたが、当時のバッテリーでは1回の充電で走れる距離が短く、車両価格や運行コストも高いため普及しませんでした。2010年代に入ると、市販の中型車や小型車を改造した電気バスが登場しましたが、これらも1回の充電で終日走ることはできず、改造車なので故障が少なくないことも、普及の障害になりました。
　そんななか、北九州市交通局は2014年、韓国のHFG製の大型電気バス2台の運行を開始しました。また京都急行バス（現在のプリンセスライン）は2015年、中国のBYD製の大型電気バス5台を京都駅〜京都女子大学間で運行開始しました。電池メーカーだったBYDの車両は、一晩の充電で終日走れる性能を持っていました。そのうえ故障もないまま走り続けたことから、同社は2017年に新型になったBYD製の電気バスをさらに2台増備しました。

西武バスのBYD製電気バス。BYDはバッテリーを屋根上に変更し、日本で使いやすい全長10.5m車を生産するなどして、日本での普及を図りました。

知多乗合のBYD製電気バス。BYDは日本向けに全長7m・全幅2.08mの小型車も開発しました。コミュニティバスなどで次々に採用されています。

こうした実績により、中国製の電気バスが高く評価され、アルファバス、EVモーターズ、ヤーシンなど、中国の自動車メーカーの電気バスが次々に日本で発売されました。車種も大型車から小型車まで揃っており、大手のバス事業者の路線やコミュニティバスなどでも活躍を開始しています。

2023年にはトルコのバスメーカーであるカルサンが、全長5.9mの小型電気バスを日本で発売しました。そして、いすゞ自動車が2023年のジャパンモビリティショーで、大型電気バスのエルガEVを発表しており、2024年度中には国産の量産電気バスの販売が開始される予定です。

山梨交通の中国アルファバス製電気バス。アルファバスは2020年から全長10.5mの大型車、2023年から全長6mの小型車を日本で販売しています。

いすゞは2023年のジャパンモビリティショーで床がフルフラットの電気バスを発表しました。2024年度中の発売を目指して研究を進めています。

群馬県桐生市に本社を置くシンクトゥギャザーが開発した低速電動コミュニティビーグル。最高時速約20kmという低速を生かし、観光地などで導入が進んでいます。豊島区が運行する池袋駅周辺循環バス「IKEBUS」では10台が活躍しています。

Column 実は電車？ トロリーバス

東京都交通局のトロリーバス。上野公園と今井を結んでいた101系統は1968年に廃止されました。

扇沢～黒部ダム間を結んでいた関西電力のトロリーバス。2018年の秋に運行を終了し、2019年の春から電気バスの運行が始まりました。

大観峰～室堂間を結ぶ立山黒部貫光のトロリーバス。2024年の秋に運行を終了し、2025年から電気バスになる予定です。

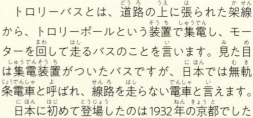

関西電力の電気バス。扇沢駅に架線があり、停車中にパンタグラフを上げて充電する仕組みです。

　トロリーバスとは、道路の上に張られた架線から、トロリーポールという装置で集電し、モーターを回して走るバスのことを言います。見た目は集電装置がついたバスですが、日本では無軌条電車と呼ばれ、線路を走らない電車と言えます。
　日本に初めて登場したのは1932年の京都でしたが、一気に路線が増えたのは終戦後のことです。大都市の人口が急増するなか、路面電車に比べて建設期間が短いトロリーバスが選ばれたのです。しかし、マイカーの増加とともに定時性を失って利用者が離れ、1970年代までに廃止されました。
　一方、富山県の黒部ダム周辺では、工事用のトンネルが観光に転用され、1964年に扇沢～黒部ダム間で関西電力のトロリーバス、1996年に大観峰～室堂間で立山黒部貫光のトロリーバスの運行が始まりました。しかし、全国でもここだけの存在なので車両や設備の維持にコストがかかり、関西電力は2019年に電気バスに置き換え、立山黒部貫光も2024年の観光シーズンで運行を終了します。

Column 沖縄県の"730車"とは？

東陽バスが動態保存している日野RE型。

終戦後、アメリカによる統治が行われていた沖縄は、1972年5月15日に日本に返還されました。アメリカの統治下で右側通行だった対面交通は、1978年7月30日から左側通行に変わりました。これに合わせて沖縄県に大量に導入された右ハンドルの自動車は、"730車"と呼ばれています。

バスは乗用車と異なり、左側通行になると乗降口を左側につけなければならず、左ハンドルのバスを改造するのは大がかりな作業です。そのため国庫補助と財政投融資により、およそ1,000台の新車が投入されました。メーカーは会社ごとに決められ、沖縄バスが三菱、琉球バスが日産ディーゼルと日野、東陽バスが日野、那覇交通がいすゞでした。那覇交通の那覇市内線用のみ前後扉、その他は前扉で、最新設備だったパワーステアリングとサブエンジン式の冷房を装備していました。

2000年代に入ると、車齢20年を超えた"730車"は残りわずかになりました。そんななか、沖縄の歴史の証人である"730車"を保存しようという機運が高まり、沖縄バスが三菱車、東陽バスが日野車を、メーカーの協力も得て徹底的に整備し、動態保存を開始しました。2台とも現在、日曜日を中心に路線バスとして走行しています。

沖縄バスが動態保存している三菱MP型。

まだ右側通行だった1978年7月29日の那覇市の国際通り。29日の22時から30日の6時まで、沖縄県全域を通行止めにして信号機や標識の変更が行われました。

第3章 路線バス車両の種類⑭
小型バス

江ノ島をバックに稲村ヶ崎を走る江ノ電バスの日野ポンチョロング。ポンチョロングには2枚扉と1枚扉の2つのタイプがあります。

ウイング神姫が宍粟市「しーたんバス」に使用しているトヨタハイエースコミューター。

バスは国土交通省の定める車種区分によって、小型車、中型車、大型車、特大車に分けられています。このうち小型車とは、全長が7m未満、全幅が2.3m未満の車両のことを言います。

最も小さい小型バスは、乗用車と同じスタイルのワゴンタイプで、全長が約5.3m、全幅が約1.9m、運転士を含めた乗車定員は14人程度です。現行モデルにはトヨタハイエースコミューター、日産キャラバスマイクロバスがあり、主にローカル路線やコミュニティバスに使用されています。

横浜市交通局が都筑区の都田地区循環路線用として採用した日産キャラバンマイクロバス。

防長交通が山口市コミュニティバスに使用している日野リエッセⅡのロングボディ。

ワゴンタイプよりひとまわり大きいのが、マイクロバスと呼ばれるキャブオーバーの小型バスです。全長が約6.2mのショート、約7mのロング、約7.7mのスーパーロングがあり、全幅は約2m、乗車定員は25～33人程度です。後面にリフトを装着することでバリアフリーに対応しています。現行モデルにはトヨタコースター、日野リエッセⅡ、三菱ローザがあり、リエッセⅡはコースターのOEM供給モデルなので、両者は同じスタイルになっています。2021年までは日産シビリアンとOEM供給モデルのいすゞジャーニーも生産されており、現在でも活躍する姿が見られます。ローカル路線やコミュニティバスなどに使用されています。

　マイクロバスと異なるリヤエンジンの小型バスもあります。現行モデルはノンステップバスの日野ポンチョのみで、全長約6.3mのショート、約7mのロングがあり、全幅は約2.1m、乗車定員は29～36人程度です。2011年までは日野リエッセとOEM供給モデルのいすゞジャーニーJ、2007年までは三菱エアロミディMEも生産されており、現在でも活躍する姿が見られます。また近年では、このサイズの中国製の電気バスが活躍を開始しています。いずれもローカル路線や都市部の狭い道路を走る路線、コミュニティバスなどに使用されています。

徳島バス阿南がローカル路線用として新製した三菱ローザのショートボディ。

西武バスが西東京市「はなバス」に使用している日野ポンチョショート。ポンチョショートはすべて1枚扉です。

しずてつジャストラインが島田市コミュニティバスに使用している日野リエッセ。

北鉄白山バスがローカル路線用として中古購入した三菱エアロミディME。

信南交通が中部電力と連携して飯田市の市民バスに導入した中国BYD製の電気バス。

第3章 路線バス車両の種類⑮
中型バス

昭島市の田中町団地を行く立川バスのいすゞエルガミオ。エルガミオ・レインボーの現行モデルはノンステップバスに統一されています。

長電バスが飯綱営業所のローカル路線用として新製した日野レインボーの現行モデル。

国土交通省の定める中型車とは、全長7m以上9m未満、全幅2.3m以上2.4m未満の車両です。

現行モデルにはいすゞエルガミオと日野レインボーのノンステップバスがありますが、両者は同じスタイルの統合モデルです。また2017年までは三菱エアロミディMK、2010年まではUDトラックス・日産ディーゼルスペースランナーRMとOEM供給モデルの三菱エアロミディSも生産されており、現在でも活躍する姿が見られます。

なお、観光バスタイプの日野メルファと統合モデルのいすゞガーラミオもこのサイズで、一部が路線バスとして使用されています。

小湊鐵道で活躍している先代のエルガミオワンステップバス。先代モデルにはノンステップだけでなくワンステップバスもありました。

名阪近鉄バスで活躍している先代モデルの日野レインボーⅡノンステップバス。先代モデルはエルガミオと前照灯が異なっていました。

新潟交通佐渡で使用されている三菱エアロミディMK。2017年まで生産されたエアロミディの最終モデルはノンステップバスだけでした。

阪急バスで活躍している日産ディーゼルスペースランナーRMワンステップバス。スペースランナーRMにはワンステップバスもありました。

関東バスで使用されている三菱エアロミディSノンステップバス。スペースランナーRMのOEM供給モデルで、外観はまったく同一です。

ふらのバスで活躍している日野メルファ。観光タイプの中型車ですが、ふらのバスでは一般路線車として使用されています。

Column

"チョロQ"と呼ばれた中型7m車

　全長7m未満の小型車は、キャブオーバーが中心だったために低床化できませんでした。そんななか1996年、京王帝都電鉄と日産ディーゼルは中型車の全長を7mに短縮したワンステップバスを共同開発しました。日産ディーゼルRNという型式が与えられたこの車両は、まるでおもちゃのようなスタイルだったため、"チョロQ"と呼ばれるようになりました。同じ7mワンステップバスは三菱エアロミディMJ、いすゞエルガミオ、7mノンステップバスは日野レインボーHR、三菱エアロミディMJにも設定され、ローカル路線や都市部の狭い道路を走る路線、コミュニティバスなどに使用されました。2004年を最後に生産されていませんが、現在も全国で数多くが活躍を続けています。

京王バスのRNワンステップバス。全長7mのワンステップバスは日産ディーゼル・三菱・いすゞから発売されました。

豊鉄バスのエアロミディMJノンステップバス。全長7mのノンステップバスは三菱と日野から発売されました。

第3章 路線バス車両の種類⑯

中型ロングバス

イオンモール広島府中のシャトルバスとして活躍する広島電鉄の日野レインボーHR。

日産ディーゼルJPワンステップバスを積極的に導入した京王グループ。上は京王電鉄の西エボディ架装車、下は西東京バスの富士ボディ架装車で、2段サッシのJPは全国的にも貴重な存在でした。

1990年代には路線バスの低床化が進められ、大型のワンステップバスやノンステップバスが登場しました。しかし初期のワンステップバスやノンステップバスは、低床化を実現するために特殊な構造を採用しており、非常に高価な車両でした。

このため、もともとの車両価格が大型車より安く、タイヤが小さいため低床化しやすい中型車をベースとして、全長を大型車なみの10.5mに延ばしたワンステップバスやノンステップバスが開発されました。これらは国土交通省の定める車種区分で見ると、全長は9m以上なので大型車、全幅は2.4m未満なので中型車という、合いの子的な存在で、一般的には中型ロングと呼ばれました。

車種はワンステップバスに日産ディーゼルJP、ノンステップバスに日産ディーゼルJP(のちにスペースランナーJP)、日野レインボーHRとOEM供給モデルのいすゞエルガJ、三菱エアロミディMKがありました。2010年を最後に生産が打ち切られましたが、現在も全国で数多くが活躍しています。

108

A：日産ディーゼルJPワンステップバスには、全長が40cm短いタイプもあり、横浜市交通局や京浜急行バスなどが採用しました。

B：東急バスが数多く導入した三菱エアロミディMKノンステップバスの中型ロングタイプ。

C：阪急バスが数多く導入した日野レインボーHRノンステップバスの中型ロングタイプ。

D：京成バスのいすゞエルガJ。日野レインボーのOEM供給モデルなので、レインボーHRと同じスタイルです。

1999年からノンステップバスが加わり、2004年からスペースランナーと名づけられた日産ディーゼルJPは、2010年まで生産されていました。JPの開発に加わった西日本鉄道は、最終モデルまで採用しました。

第3章 路線バス車両の種類⑰

大型バス

多摩川の土手を走る東急バスの日野ブルーリボンハイブリッド。ボディスタイルはハイブリッドでないブルーリボンやエルガと同じです。

仙台市交通局の三菱エアロスターノンステップバス。全長は2種類あり、同局は短尺を選択しています。

国土交通省の定める大型車とは、全長9m以上12m以下、全幅2.4m以上2.5m以下の車両です。
　現行モデルにはいすゞエルガと統合モデルの日野ブルーリボン、日野ブルーリボンハイブリッドと統合モデルのいすゞエルガハイブリッド、三菱エアロスター、トヨタSORAがあります。エアロスターにワンステップバスがあるのを除き、すべてノンステップバスとなっています。またエアロスターワンステップバスには3種類、エルガとブルーリボン、ブルーリボンハイブリッドとエルガハイブリッド、エアロスターノンステップバスには2種類の全長が設定されています。

北海道中央バスのいすゞエルガ。全長は2種類あり、同社は長尺を選択しています。

京阪バスの日野ブルーリボン。いすゞエルガと同型で、同社は双方の短尺を導入しています。

2010年まではUDトラックス・日産ディーゼルスペースランナーRAとOEM供給モデルの三菱エアロスターS、三菱からUDトラックス・日産ディーゼルへのOEM供給モデルのスペースランナーAも生産されており、現在でも全国で活躍する姿が見られます。また近年では、このサイズの中国製の電気バスが活躍を開始しています。

このほか、かつては全長9m、全幅2.5mというサイズの大型車があり、収容力と小回りの良さを兼ね備えた存在として、一部のバス事業者が好んで採用していました。車種はいすゞエルガLT、日野ブルーリボンシティHU、三菱エアロスターMM、日産ディーゼルスペースランナーRPでしたが、2007年の日産ディーゼルスペースランナーRPを最後に生産が打ち切られています。

なお、観光タイプの日野セレガと統合モデルのいすゞガーラ、三菱エアロエース、2007まで生産されていた三菱エアロバス、2010年まで生産されていたUDトラックス・日産ディーゼルスペースアローもこのサイズで、一部が路線バスとして使用されています。

阪急バスの三菱エアロスターワンステップバス。全長は3種類あり、同社は写真の短尺と中間尺を使い分けています。

神奈川中央交通の三菱エアロスターSノンステップバス。同社は同型のUDトラックス・日産ディーゼルスペースランナーRAとともに導入しました。

京浜急行バスの日産ディーゼルスペースランナーRPワンステップバス。乗客が多く道路が狭い鎌倉市・逗子市の路線で使用されました。

ジェイアールバス関東の日野セレガ。同社は長野原草津口駅〜草津温泉間の路線に観光タイプの車両を使用しています。

東京都交通局が2018年に導入したフルフラットバス。スウェーデン・スカニアのシャーシとオーストラリア・ボルグレンのボディを組み合わせ、後部まで段差がない床を実現した大型バスです。

岩手県交通が2018年に導入した中国BYD製の電気バス。BYDの大型バスには全長12mのK9と全長10.5mのK8があり、同社はK9を選択しました。

111

第3章 路線バス車両の種類⑱

連節バス

神戸税関の前を走る神姫バスの日野ブルーリボンハイブリッド連節バス「ポートループ」。

　国土交通省の定める車種区分で、全長12m超、全幅2.5m超の車両は特大車と呼ばれています。国産の現行モデルに全幅2.5m超の車種はありませんが、全長約18mの連節バスが特大車に分類されます。車種はいすゞエルガデュオと日野ブル

東京BRTが1台使用しているいすゞエルガデュオ。日野製と同型の統合モデルです。

ーリボンハイブリッド連節バスで、両者は統合モデルのため同型となっています。乗客定員は普通の大型バスの1.5倍にあたる120人で、ハイブリッドシステムが搭載されていることも特徴です。
　日本では、連節バスは1985年につくば万博のシャトルバス、1998年に京成電鉄の幕張新都心の路線に導入されました。これらはスウェーデンのボルボのアンダーフロアエンジンのシャーシで、低床化ができませんでした。そこで神奈川中央交通は2005年にドイツのネオプラン、2007年にドイツのメルセデス・ベンツのリヤエンジン・ノンステップの連節バスを導入しました。また2015年には新潟交通がスウェーデンのスカニアのリヤエンジン・ノンステップの連節バスを導入しました。メルセデス・ベンツ製とスカニア製はいくつかの会社で採用され、現在も活躍を続けています。
　なお、特大車が公道を走る場合、警察署と道路管理者に通行許可申請を行ったうえで、許可された経路だけで使用しなければなりません。このため連節バスは、回送を含めた運行経路が厳しく規定されています。

A：京成電鉄が幕張新都心に導入したボルボ製連節バス。つくば博の車両のボディを観光タイプから路線タイプに変更しました。

B：神奈川中央交通が藤沢市内の通学路線に導入したネオプランの連節バス「ツインライナー」。

C：京成バスが幕張新都心のボルボ製の代替用として導入したメルセデス・ベンツの連節バス。

D：新潟交通が新潟駅〜青山間のBRT萬代橋ラインに導入したスカニア＋ボルグレンの連節バス。

Column 連節バスとトレーラーバス

トラクターで客車を牽引するトレーラーバスは戦後の復興輸送に活躍しましたが、国産のディーゼルバスが普及するとともに姿を消していきました。しかしおよそ半世紀後の1996年、西東京バスが武蔵五日市駅〜つるつる温泉間で、蒸気機関車型のトラクターで客車を牽引するトレーラーバスの運行を開始しました。このバスは人気を集め、2007年には2代目トレーラーバスが登場しましたが、2023年に惜しまれながら引退しました。

連節バスが1台の車両とみなされているのに対し、トレーラーバスはトラクターと客車が別々のナンバープレートをつけた2台の車両です。したがってトレーラーバスを運転するには、けん引免許が必要であることが両者の大きな違いです。

西東京バスのトレーラーバス「青春号」。初代（上）は1996年、2代目（下）は2007年に登場しました。

第3章 路線バス車両の装備①

エンジンとサスペンション

旭川電気軌道の三菱MR型（1963年式）のDB34A型エンジン。排気量8,550cc、直列6気筒・ターボつき220馬力は、当時の路線車としては最大級でした。

三菱エアロスター現行モデルの6M60型エンジン。排気量は7,545ccと小さいものの、直列6気筒・ターボつきで270馬力の出力があります。

いすゞエルガ・日野ブルーリボン現行モデルの4HK1型エンジン。排気量はさらに小さい5,193ccで、直列4気筒・ターボつき240馬力です。

　日本のバスには一部の小型車を除き、戦後一貫してディーゼルエンジンが搭載されてきました。軽油を燃料とするディーゼルエンジンは、ガソリンエンジンに比べ、熱をエネルギーに変える効率が良く、燃費が良いという長所があります。

　大型・中型の路線バスには1970年代以降、各メーカーとも直列6気筒のエンジンを搭載してきました。1979年に排出ガス規制が始まり、次第に強化されていくなかで、各メーカーはこれをクリアするためにさまざまな工夫を重ねました。

　いすゞは1995年、動力性能に余裕があるエンジンで排出ガスを低減しようと、V型8気筒で高出力のエンジンを搭載しました。また日産ディーゼルは2004年、アンモニアを使って排気中の窒素酸化物を浄化する尿素SCRシステムを搭載しました。この尿素SCRシステムはその後、他のメーカーも含めたすべての日本のバスに搭載されています。さらにいすゞは2011年に中型車、2015年に大型車を直列4気筒の小さなエンジンに変更し、ターボチャージャー（エンジンが吸入する空気の密度を高める装置）で出力を高める方法を採用しました。

なお、エンジンの小型化による低速トルク（エンジンの回転が低い状態でバスを動かす力）の不足を補うため、各メーカーともAT（オートマチック・トランスミッション）やAMT（オートメイテッド・マニュアル・トランスミッション）を採用することで、運転操作性を向上させています。

いすゞ製のAMT車のシフトレバー。

アリソン製のAT車のシフトレバー。

いすゞTSD型ボンネットバスのリーフサス。

いすゞエルガ現行モデルのエアサス。

　路面の凸凹を車体に伝えないように、自動車にはサスペンションがついています。サスペンションはばねとダンパーで構成されていますが、ここでは路線バスのばねについて紹介します。
　バスのばねは当初、トラックと同じようにリーフサスと呼ばれる板ばねでした。しかし1950年代にエアサスと呼ばれる空気ばねが開発されると、観光バスや長距離路線バスに採用されました。
　1980年代には一般路線バスでもエアサスの導入が相次ぎ、ワンステップバスやノンステップバスではエアサスが標準仕様になりました。ワンステップバスやノンステップバスには、ニーリングという機能が付加されています。これは扉が開くとともに左のエアサスの空気を抜いて車体を傾け、扉が閉じるともとに戻るもので、路面と扉の段差を縮め、乗降しやすくするための機能です。

いすゞエルガ現行モデルのニーリング機能。

115

第3章 路線バス車両の装備② 空調装置

1970年代まで一般的だった通風器。前部の開口部を開けて走ると、外気が車内に入ります。

　路線バスの屋根には1950年代から、ベンチレーターと呼ばれる通風装置が取り付けられました。鉄道車両が前後双方向に動くのに対し、営業運転中のバスは基本的に前進しかしないため、ベンチレーターは前部に開口部があり、これを開いて走行すると外気が入る仕組みになっていました。
　1970年代に路線バスが冷房車になると、通風装置も外気を強制的に室内に取り込むタイプになりました。現在も見られる代表的な例として、丸形通風器と角形通風器があります。丸形通風器には大きなファンが内蔵され、回転を逆にすることで外気の送風だけでなく車内の喚起も可能です。角形通風器にはラインファンが内蔵され、これが首を振りながら外気を車内に送風しています。
　冷房装置そのものにも外気導入機能があることから、通風装置を廃止するバス事業者もありましたが、コロナ禍により換気の重要性が高まったことで、通風装置が見直されることになりました。

現在の路線バスに見られる丸形通風器。大きなファンを回して外気の送風と換気を行います。

現在の路線バスに見られる角形通風器。ラインファンが左右を往復しながら外気を送風します。

奈良交通のサブエンジン式冷房車。冷房装置が床下にあるため屋根の上は平らで、第3柱に冷気を窓上に送るダクトがあります。

奈良交通の直結式冷房車。屋根上に見える四角い箱がデンソー製の冷房装置です。

　1970年代に入ると、路線バスにも冷房装置が取り付けられるようになりました。路線バスの冷房車は当初、走行用のエンジンと別に冷房駆動用のエンジンが搭載されたサブエンジン式でした。しかしエンジンが2台あるためコストがかかり、車両が重くなる、サブエンジンの音が車内に響くといった欠点がありました。そのため1980年代には走行用のエンジンの出力を高め、メインエンジンで冷房装置も駆動する直結式に変更されました。
　サブエンジン式は冷房装置が床下にあるため、屋根上が平らなこと、冷気を窓上の吹き出し口に送るダクトがあることが外観上の特徴です。直結式は屋根上に冷房装置が搭載されているのが一般的ですが、屋内の天井に収納されているビルトインタイプもあり、屋根上が平らな仕様も見られま

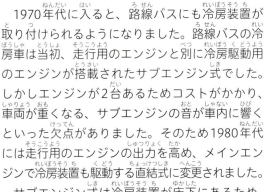
同じく奈良交通の直結式冷房車ですが、冷房がビルトインタイプなので屋根は平らです。

す。冷房装置はバス事業者が選択するため、同じ車種でも事業者や導入時期により冷房装置のメーカーが異なり、外観に違いが生じています。

サーモキング製の冷房装置（旧型）。

サーモキング製の冷房装置（新型）。

三菱車だけに搭載されている三菱重工製の冷房装置。

デンソー製の冷房装置（旧型）。

現行モデルの三菱車に搭載されているデンソー製の冷房装置。

現行モデルのいすゞ車・日野車に搭載されているデンソー製の冷房装置。

第3章 路線バス車両の装備③

ワンマン装置

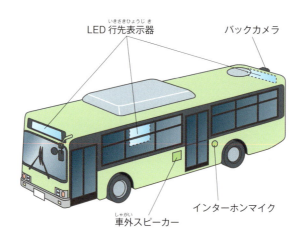

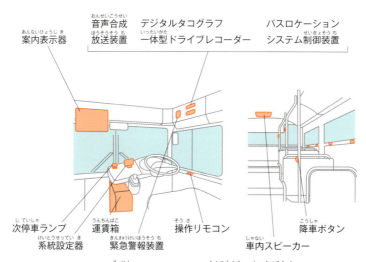

路線バスのワンマン運行用の車載装置

　日本の路線バスのほとんどは、乗務員が運転士1人だけのワンマン運行です。運転から接客まですべての業務を1人でこなす運転士を支援するため、現在のワンマンバスにはさまざまな装備が見られます。1つひとつ解説していきましょう。

音声合成装置

　ワンマンバスの放送は運転士の肉声から、テープ、音声合成装置へと進化しました。最新設備では音声合成装置を中心に系統設定器、車外LED行先表示器、車内案内表示器、運賃箱、デジタルタコグラフ一体型ドライブレコーダー、バスロケーションシステム制御装置などが接続されたトータルシステムになっています。運転士が運賃箱のICカード読み取り装置に自分のIDカードをタッチし、系統設定器にダイヤ番号を打ち込むと、このトータルシステムが稼働を開始する仕組みになっています。

　最新の装置ではGPSで車両の現在地を把握しているため、次停留所の案内放送が自動的に流れます。またバス事業者の設定によって、遅延時のお詫びや雨天時の傘の置き忘れ注意などの"気配り放送"を系統設定器の操作で流すこともできます。

系統設定器

　ダイヤ番号を打ち込むと、従来は紙に印刷されていたスタフ（運行指示書）が表示されます。GPSで車両の現在地を把握しているため、各停留所の通過予定時刻が順に表示され、通過予定時刻と現在時刻の差異も表示されます。また経路間違い防止のため、右左折などの進路も表示されます。

車内案内表示器

　紙の表から幕式、デジタル式、液晶表示へと進化しました。均一運賃路線では次停留所名、多区間運賃路線では次停留所名と各停留所からの運賃が表示されます。また液晶表示では予め設定すればさまざまな案内を映し出すことができます。

デジタルタコグラフ一体型ドライブレコーダー

　タコグラフ（運行中の速度変化のグラフ）は紙への記録からメモリーカード等に記録するデジタル式に変わりました。さらに現在はドライブレコーダーと一体化され、走行中の車外・車内の映像が常時録画されるようになっています。

その他の装備

　案内放送を流すスピーカーが車内と車外に取り付けられ、車外には運転士と会話ができるインターホンマイクもあります。客席には降車ボタンがあり、乗客が押すと運転席の次停車ランプが点灯します。次停車ランプは一般用と車椅子用が並んで取り付けられ、車椅子用は車椅子固定スペースのボタンが押されたときだけに点灯します。
　車外の後面にはバックカメラがあり、後方の映像を運転席に伝えます。バスのカメラは乗用車よりずっと早い1975年から採用され、道路条件の良くない路線でもワンマン化が進められました。
　バスロケーションシステムを導入している事業者では、その制御装置が搭載されています。現在はIP無線を使用することにより、通信の安定化とコストパフォーマンスの向上が図られています。
　なお、車外LED行先表示器は120〜121ページ、運賃箱は122〜123ページで詳しく解説します。

音声合成放送装置

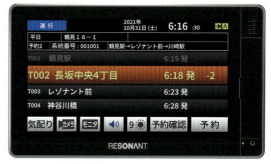
タッチパネル式系統設定器

車内用液晶案内表示器

ドライブレコーダー

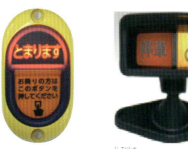
降車ボタン　　次停車ランプ

第3章 路線バス車両の装備④
行先表示器

北陸鉄道は1983年まで従来の大きさの前面・側面表示器で、前面は系統番号と行先に分かれていました。後面表示器は装着されていませんでした。

1984年から前面・側面表示器が大型のカラー印刷になり、側面は行先と経由地に分かれた独自の形が採用されました。後面表示器も装着されました。

1990年代の終わりに横浜市交通局は、本牧営業所の2台にLED表示器を試験的に装着していました。

2000年代初めにジェイアールバス関東は、土浦・古河支店の3台に液晶表示器を試験採用しました。

　路線バスの行先表示器は1950年代に縦が約20cm、横が約70〜80cmの幕になり、この大きさがしばらく変わりませんでした。しかし1970年代から見やすさを追求した大型化が始まり、前面は縦が約30cm、横が約140cmに、側面も縦が30cm以上に拡大されました。後面には表示器をつけない事業者もありましたが、前面と同じ大きさの表示器をつけるほうが一般的で、前面の大型化とともに後面も大型化した事業者も見られました。
　1980年代にはカラー印刷が導入され、方面別に色を変えるなどの工夫が凝らされました。1990年代には液晶表示器やLED表示器が試験採用され、2000年代には多くの事業者がLED表示器を導入しました。当初のLED表示器はオレンジ色だけの1色でしたが、2000年代に入るとフルカラーのLED表示器が採用されました。なお、フルカラー表示器の登場後、これより安価な白色のLED表示器を選択している事業者もあります。

方向幕は路線や停留所名が変更されると、新たな行先や経路が書かれた幕を追加しなければならず、それを繰り返すうちに巻き取り不良が起こるなど、メンテナンスに多大な労力が必要でした。

LED表示器はデータを書き換えるだけで表示内容を変更できるため、路線や停留所名の変更時の作業が大幅に軽減されました。また1つの内容だけではなく、たとえば日本語と英語を交互に、行先と発車時刻を交互に表示するなど、複数の内容を乗客に知らせることができる利便性も加わりました。

フルカラーの前面用LED行先表示器。方面別の色分けなどが可能になり、ロゴやピクトグラム、簡単なイラストなどを入れることもできます。

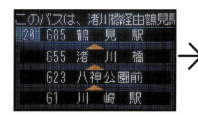  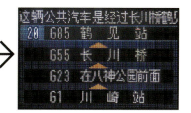

フルカラーの側面用LED行先表示器。幕時代のような縦書きの短冊型だけでなく、フルドットにすれば横書きの多言語の循環表記も可能です。

Column 首都圏等に見られる最終バス表示

かつて都区内を縦横に走っていた都電は、各系統の最終電車の方向幕を赤色、最終1本前の電車の方向幕を緑色のランプで照らし、利用者が乗り遅れないようにしていました。このサービスは都営バスや首都圏のバス事業者でも行われ、方向幕がカラー印刷になると、幕の地色そのものを赤色や緑色にして視認性を高めた表示になりました。さらに、LED表示器の導入が進んだ現在では、オレンジ色の行先表示とは別に、最終バスに赤枠、最終1本前に緑枠をつける方法で、首都圏のバス事業者特有のサービスが続けられています。

埼玉県松伏町に本社を置く茨城急行自動車でも、赤枠表示、緑枠表示が行われています。

第3章 路線バス車両の装備⑤
運賃箱

　路線バスのワンマン運転は大都市の均一運賃路線から始まりましたが、1963年に神奈川中央交通が整理券方式で多区間運賃路線をワンマン化すると、この方式が全国に広まっていきました。

　運賃箱も当初は運賃を投入するだけのもので、運賃箱とは別に両替機が設置されていました。しかし、1971年には運賃として投入した硬貨を両替用に再利用する硬貨循環式運賃箱、1977年には紙幣自動両替機能つき運賃箱が開発されました。均一運賃路線用には、1973年に両替ではなく釣り銭を出す運賃箱が追加されました。また投入された運賃は運転士が目視で確認していましたが、1986年には投入金額の表示機能が搭載されました。

　両面印刷が必要な整理券発行機の外観に大きな変化はありませんが、1986年には整理券にバーコードを印刷し、これを運賃箱が読み取って自動的に釣り銭を出すシステムが導入されています。

　現金や紙の回数券に代わり、1990年代に入ると磁気式カード、2000年代に入るとICカードの導入が始まり、これらの読み取り装置が運賃箱に追加されました。また近年ではクレジットカードなど多様なキャッシュレス決済にも対応しています。多区間運賃路線では、整理券発行機の隣にもこれらのカードの読み取り装置が設置されています。

運賃の硬貨を両替に利用する運賃箱ですが、紙幣は外づけの両替機に1枚ずつ投入する機種です。

紙幣も運賃箱本体で両替を行い、紙幣の両替にも運賃として投入された硬貨を使用する機種です。

回数券の発行機能が追加されている機種です。

磁気式カードに対応し、投入額が表示されるタイプです。複数人の運賃をカードから一括して収受できるよう、運転士の操作盤が装着されました。

投入額の表示が乗客にも見えるようになり、運転士の操作盤がより多機能に改良されています。

ICカードに対応し、投入額が液晶表示に、運転士の操作盤がソフトタッチに変更されました。

最新機種は現金収受よりキャッシュレス決済対応に比重が置かれ、デマンドバスなどの小型車にも搭載できるよう小型・軽量化されています。

乗客・運転士の双方が確認できる液晶表示。カード・現金の区別、大人・小人の人数(割引運賃適用の人数)、カードの場合は引去額・投入額・残額、現金の場合は運賃・投入額が表示されます。

運転士用の液晶タッチパネル。人数、各種割引を設定してカードから運賃を収受できます。また乗車時にカードをタッチしなかった乗客には、別画面から乗車停留所を選んで運賃を収受できます。

整理券と現金は分かれてベルトコンベアに流れます。運転士はそれを目視することができます。

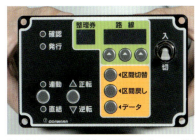

最新機種の整理券発行機と運転席に設置される操作盤。整理券機はインクのいらない感熱式です。

キャッシュレス決済用のマルチ決済端末。左は乗車時用、右は降車時用で、正方形の小窓はQRコードをかざすためのものです。

第3章 路線バス車両の装備⑥
座席

茨城県の日本水郷観光自動車が1972年に導入した三菱MR型。当時は一般的だった三方シートが採用されています。

　路線バスの座席は1960年代ぐらいまで、三方シートがほとんどでした。これは鉄道車両でいうロングシートで、バスでは左側、右側、後部の三方にシートがあるためにこう呼ばれていました。

　路線バスのワンマン化が進んだ1970年代には、前向きシートに変更する事業者が増えました。ただし、路線バスは観光バスに比べて乗車時間が短いため、観光バスのようなハイバックシート（背もたれの高い座席）やリクライニングシート（背もたれが倒せる座席）ではなく、座面が薄く背もたれの低いタイプが一般的です。また通勤路線やローカル路線といったバスの使用環境に合わせ、1人掛けと2人掛けのシートをさまざまに組み合わせた配置が見られます。

広島バスの中扉4枚折戸のツーステップバス。右側のシートをすべて2人掛けにして、少しでも多くの乗客が着席できるよう配慮しています。

関東バスの3扉ツーステップバス。1人掛けシートとロングシートを組み合わせ、乗客を前の乗車扉から後ろの降車扉に流す工夫が見られます。

旭川電気軌道の初期型ノンステップバス。左に燃料タンク、右に暖房装置があるため前向き座席がつけられず、左右ともロングシートです。

広島バスが現行のいすゞエルガに採用している郊外型の座席配置。前中扉間にも2人掛けシートを配置した地方都市で一般的なタイプです。

A：広島電鉄のノンステップバス。広島バスと同じ郊外型ですが、距離が長い路線が多い同社は、オリジナルのハイバックシートを採用しています。

C：西武バスが都区内で現在採用しているラッシュ型の座席配置。中扉より後ろにも1人掛けシートを配置して、立席定員を確保しています。

B：西武バスが多摩地区や埼玉県内で現在採用している都市型の座席配置。中扉より後ろが両側2人掛けの都市部で最も一般的なタイプです。

D：西武バスが都区内のワンステップバスにかつて採用した座席配置。前中扉間の左側をフリースペース、右側をロングシートにして、立席定員を最大限とれるようにした工夫が見られます。

Column "ワンロマ"って何？

路線バスのなかには"ワンロマ"と呼ばれる車両があります。ワンロマとはワンマン・ロマンスシートの略で、一般路線用のワンマンカーながら観光バスのようなロマンスシートを備えた車両のことを言います。もともとは1980年代の京王帝都電鉄で、普段は一般路線、観光シーズンには高速路線に使用するため、前中扉のワンマンカーにハイバックシートを装備した車両に名づけられました。高速バスのハイグレード化が進んだ現在、高速バス兼用のワンロマは見られませんが、近距離の観光用を兼ねたワンロマはいくつかの事業者に残っています。ワンロマは一般路線車としては快適な乗り心地ですが、2人掛けシートが中心で通路が狭いことから、一般路線車として使用されるのは比較的乗客の少ない路線が中心です。

西武バスが"用途外"と呼んでいるワンロマ。2人掛けのハイバックシート、荷棚、日除けなどを備えた貸切兼用車で、一部が西武観光バスに移籍して軽井沢の観光路線に使用されています。

Column 路線バスの自動運転

近年はバスの自動運転の実証実験が進められており、現在はレベル2（アクセル・ブレーキ操作およびハンドル操作の両方が部分的に自動化された状態）の自動運転が実現されています。

2016年にはフランス・イージーマイル製の12人乗り電気バス、2017年にはフランス・ナヴィヤ製の15人乗り電気バス・アルマが、それぞれ走行実験を行いました。ナヴィヤは自動運転ソリューションを提供する企業で、2020年には茨城県の境町で、無償輸送ながら国内初の自動運転による定時運行を開始しました。事前に作成した高精度マップと現在地を照合しながら、最高時速20㎞未満でアルマが自動走行し、駐車車両の回避や緊急停止は乗車しているオペレーターが行っています。

こうした小型車の自動運転の目的は、新たなコンセプトのバスサービスの提供ですが、既存の路線バスを自動運転化する実証実験も進められています。たとえば西武バスは、2021年に大型バスを使用した自動運転を開始しました。2023年に飯能市内で行われた中型バスの実証実験では、走行する道路の一部にターゲットライトペイントが施され、これを自動運転用のセンサーが認識して走行する実験も行われました。路線バスは乗用車と異なり決まった経路を走行するため、バスを誘導する仕掛けを道路側に施す取り組みは、自動運転のレベルアップに向けて大いに注目されています。

道の駅さかい～高速バスターミナル間を自動運転で結んでいる境町の無料バス。11人乗りの小型電気バス・アルマが使用されています。

飯能駅南口～美杉台ニュータウン間で行われた西武バスの自動運転の実証実験。中型バスのいすゞエルガミオが使用されました。

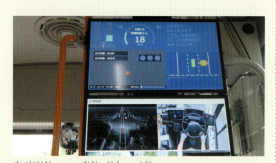
毘沙門天前～ひかり橋間の道路には日本ペイントのターゲットライトペイントが施され、自動運転のセンサーがこれを認識しながら走りました。

自動運転のレベル

レベル	技術名称	自動運転レベルの概要	運転操作の主体	対応する車両
レベル0	運転自動化なし	運転者がすべての運転操作を実施。	運転者	運転支援車
レベル1	運転支援	アクセル・ブレーキ操作またはハンドル操作のどちらかが部分的に自動化された状態。	運転者	運転支援車
レベル2	部分運転自動化	アクセル・ブレーキ操作およびハンドル操作の両方が部分的に自動化された状態。	運転者	運転支援車
レベル3	条件つき運転自動化	特定の走行環境条件を満たす限定された領域で、自動運行装置が運転操作の全部を代替する状態。ただし、自動運転装置の作動中、自動運転装置が正常に作動しない恐れがある場合には、運転操作を促す警報が発せられるので、適切に応答しなければならない。	自動運行装置	条件つき自動運転車
レベル4	高度運転自動化	特定の走行環境条件を満たす限定された領域で、自動運行装置が運転操作の全部を代替する状態。	自動運行装置	自動運転車
レベル5	完全運転自動化	自動運行装置が運転操作の全部を代替する状態。	自動運行装置	完全自動運転車

※国土交通省資料「自動運転車両の呼称」（2021年12月11日発表）より作成

第4章

路線バスを支える人たち

しずてつジャストラインの運転士研修。

路線バスの現場ではどんな人たちが働いているのでしょうか。
この章ではバスの運転士・整備士になるための資格、
運転士・整備士の一日の仕事を紹介します。
また運転士・整備士を職業に選んだ人たちに、
動機ややりがいを語ってもらいます。

第4章

バスの運転士になるには

西日本鉄道の自動車教習所。同社はバス業界でいち早くバス運転士の教習所を開設しました。

　自動車を運転するためには、自動車の運転免許が必要です。運転免許を取得するには、警視庁と各都道府県の公安委員会が行う学科試験と技能試験に合格しなければなりません。自動車の運転免許には普通、準中型、中型、大型、小型特殊、大型特殊、けん引があり、ほかに二輪車の運転免許として原付、普通二輪、大型二輪があります。また従来、原付や普通二輪の免許は16歳以上、普通免許は18歳以上、中型免許は20歳以上（普通免許保有歴2年以上）、大型免許は21歳以上（普通免許保有歴3年以上）でなければ取得できませんでした。

　このなかで、普通と準中型で運転できるのは定員10人以下の自動車ですので、定員11人以上のバスを運転することはできません。中型免許では定員29人以下の小型バス、大型免許では小型バスと定員30人以上の中型・大型バス、けん引免許ではトレーラーバスが運転できます。また連節バスはトレーラーバスと異なり、前車と後車で1つの車両ですので、けん引でなく大型免許で運転できます。

　一方、運転免許には一種と二種という区分もあり、商業目的で旅客運送を行う自動車を運転するには二種免許が必要です。二種は普通、中型、大型、大型特殊、けん引にあり、バスを営業運転するためにはバスの種類に応じ、中型、大型、けん引の二種免許を取得しなければなりません。

運転免許の種類と乗れる乗りもの

第一種運転免許	公道で自動車や二輪車を運転するための免許	普通免許
		原付免許　普通二輪免許　大型二輪免許
		準中型免許
		中型第一種免許
		大型第一種免許
		小型特殊・大型特殊第一種免許
		けん引第一種免許
第二種運転免許	商業目的で人を輸送するための免許	普通第二種免許
		中型第二種免許
		大型第二種免許
		大型特殊第二種免許
		けん引第二種免許

二種免許を取得するためには従来、原則として21歳以上であること、一種免許の保有歴が3年以上であることが条件になっていました。しかし近年のバスやトラックのドライバー不足を背景にして、道路交通法の一部が改正され、2022年5月13日以降は「受験資格特例教習」を修了することにより、19歳以上、かつ普通一種免許の保有歴が1年以上であれば、普通二種、中型二種、大型二種の免許を取得することができるようになりました。

　バス運転士が不足するなかで、すでにバス事業者の多くが普通免許のみを保有する大型未経験者を採用し、入社後に大型二種免許の取得を支援する制度を設けていました。そして法改正を受けて、高校新卒者を養成運転士として採用し、事務職として働きながら大型二種免許を取得することを支援する取り組みを開始した事業者も現れました。

　なお現在、普通免許にはオートマチック車だけを運転できるAT限定免許があります。このAT限定免許保有者の増加を受け、警察庁はこれを2026年以降順次、準中型、中型（二種を含む）、大型（二種を含む）にも導入する方針を固めています。

江ノ電バスの教習車。左最前席に教官用の補助ブレーキがあり、客室には車外カメラのモニター画面や燃料消費量の目盛などが設置されています。

Column　担当車制とフリー担当制

　バス事業者の運転士と車両の関係には、担当車制とフリー担当制があります。担当車制とは、1人または2人で1台のバスを管理し、基本的にそのバスに乗務する方法です。運転士がバスに愛着を持って大切にしやすく、軽微な故障等にも気づきやすいメリットがあります。フリー担当制とは、バスがダイヤに張り付けられ、何人かの運転士が交替しながら乗務する方法です。

運転士が替わるたびにバスを営業所に回送しなくて済み、少ない台数で効率的なダイヤを組めるメリットがあります。担当車制とフリー担当制は事業者ごと、営業所ごとに選択されていますが、それぞれのメリットは他方のデメリットにもなることから、双方を組み合わせている事業者・営業所も見られます。

担当車制を採用している仙台市交通局実沢営業所の三菱エアロスター。

フリー担当制を採用している東京都交通局南千住営業所のいすゞエルガ。

第4章

バスの整備士になるには

東京都交通局深川営業所に隣接している自動車工場。すべての営業所・支所の都営バスの車検整備を行っています。

自動車整備士の種類

種類	種目
一級	一級大型自動車整備士 一級小型自動車整備士 一級二輪自動車整備士
二級	二級ガソリン自動車整備士 二級ジーゼル自動車整備士 二級自動車シャシ整備士 二級二輪自動車整備士
三級	三級自動車シャシ整備士 三級自動車ガソリン・エンジン整備士 三級自動車ジーゼル・エンジン整備士 三級二輪自動車整備士
特殊	自動車タイヤ整備士 自動車電気装置整備士 自動車車体整備士

　自動車の整備を行うためには、自動車整備士の資格が必要です。自動車整備士になるには、一定の受験資格を満たしたうえで、国土交通大臣が行う自動車整備士技能検定の学科試験と実技試験に合格しなければなりません。バス事業者の整備工場（国の認定や指定を受けた工場）には、一定の有資格者を置くことが法律で定められています。

　自動車整備士の種類には、一級、二級、三級、特殊があります。さらに、一級は大型、小型、二輪、二級はガソリン自動車、ジーゼル自動車、自動車シャシ、二輪自動車、三級は自動車シャシ、自動車ガソリン・エンジン、自動車ジーゼル・エンジン、二輪自動車、特殊はタイヤ、電気装置、車体が分かれています。バスやトラックの整備士になるためには、厳密には一級大型自動車整備士資格が必要ですが、現行制度のもとでこの試験は一度も行われていません。そのため、バスやトラックの整備は一級小型か、二級および三級の二輪以外の資格を取得した整備士が行っています。

　三級整備士は、タイヤの交換やエンジンオイルの交換など、自動車各装置の基本的な整備ができます。二級整備士は、点検整備やほとんどの分解整備を行うことができます。一級整備士は、シャーシなど整備箇所にかかわらず、自動車に関するすべての整備を行うことができます。

Column　整備部門の別会社化

福島交通の整備を担当している福交整備。バスやトラックから軽自動車まで車検整備、点検整備、塗装整備などを手がけています。

　バス会社のなかには、整備専門のグループ会社にバスの整備を委託しているところもあります。整備専門の会社は、さまざまなバスやトラック、小型の営業車や自家用車も整備しているケースが少なくありません。また自社で整備していても、他社のバスやトラック、自家用車を受け入れているケースがあります。バスの整備士になりたい人は、自分がどんな環境で働きたいか考える必要があります。

自動車整備士試験の受験資格として、一定期間の実務経験が求められています。たとえば、三級整備士の学科試験を受けるには1年以上の実務経験が必要です。ただし、大学や高校の電機または電子に関する学科の卒業者は6か月以上に短縮され、高校の自動車科の卒業者は卒業とともに受験できます。自動車科では授業で自動車整備に携わり、実務経験を積むことができるからです。したがって、バスの整備士を目指すなら、高校の自動車科を卒業することが一番の近道と言えます。

　しかし近年、高校生の普通科志向が高まり、工業高校の自動車科は減少してきました。そのためバス事業者の多くが普通高校卒業者などの整備未経験者を採用し、入社後に実務経験を積んで三級整備士資格を取得できる制度を設けて

旭川電気軌道のグループ会社の旭川オートサービス。旭川電気軌道をはじめ上川地方の多くの会社のバスやトラックを整備しています。

います。したがって、入社前に自動車整備を経験していなくても、バスの整備士を目指せるようになりました。

自動車整備士資格取得の過程

大学、高等学校または中学校の卒業者（自動車、機械等に関する課程を修めていないもの）	1年以上の実務経験	三級の受験資格	三級合格	三級合格後3年以上の実務経験	二級の受験資格	二級合格
大学または高等学校の機械、電気または電子に関する学科卒業者	6か月以上の実務経験	三級の受験資格	三級合格	三級合格後 1年6か月（大学） 2年（高校） 以上の実務経験	二級の受験資格	二級合格
高等学校の自動車科卒業者 （三級整備士養成課程）	卒業と同時に受験資格	三級の受験資格	三級合格	三級合格後2年以上の実務経験	二級の受験資格	二級合格
自動車整備専門学校修了者 （二級整備士養成課程）			卒業と同時に受験資格		二級の受験資格	二級合格
自動車整備専門学校修了者 （一級整備士養成課程）			卒業と同時に受験資格		一級の受験資格	一級合格
二級整備士合格者				二級合格後3年以上の実務経験	一級の受験資格	一級合格

第4章　神姫バス 三田営業所 指導運転士：西村健さん

路線バス運転士の一日

午前5時30分の神姫バス三田営業所。「オレンジアロー 連 SANDA」10005の前照灯と室内灯が点灯。

出勤した西村健運転士はまず、営業所の事務所で体温測定とアルコールチェックを受けます。

乗務する連節バス10005の始業点検。エンジン、灯火類、タイヤとホイールなどをチェックします。

　兵庫県三田市ゆりのき台にある神姫バス三田営業所。一般路線バス、特急・高速バス、貸切バスを合わせ125台が配置されている、神姫バスで一番大きな営業所です。平日の運転士の仕業は早番・長番・遅番の3種類、計147勤務があり、そのなかには国内に数少ない連節バスへの乗務も含まれています。今日は一日を通して連節バスを運転する「3系統」の仕業に就く、指導運転士・西村健さんの出勤から退勤までの仕事に密着しましょう。

05:33◆出勤

　運転士の出勤時刻は分単位で決められており、3系統は5時33分です。西村さんは余裕を持って5時に出勤し、事務所で体温測定とアルコールチェック（飲酒が残っていないかの検査）を行います。3系統のスターフ（運行指示書）と乗務する連節バス10005のキーを持って駐車場へ。10005のキーを挿してメインスイッチを入れ、運賃箱のICカード読み取り機に自分のIDカードをタッチし、系統設定器に仕業番号を打ち込みます。続いて車外に出て、タイヤとホイールナット、エンジン、灯火類に不具合がないかを確認する始業点検を行います。

05:58 ◆ 出庫
ゆりのき台4丁目→新三田駅

　事務所で始業点呼を行い、バスに乗り込み5時58分に営業所を出発。営業所近くのゆりのき台4丁目まで回送し、6時01分発の新三田駅行きの営業運転を開始します。沿線は新興住宅地で、通勤通学客が次々に乗車します。6時24分に新三田駅に到着。乗客を降ろすと、忘れものがないか車内を点検します。ゆりのき台4丁目へ回送し、もう一度同じルートで新三田駅へ。先ほどより多くの人が乗車します。朝の住宅地では駅を目指す人がほとんどなので、たくさんの人が乗れる連節バスは片道を回送にして効率的に運用されています。

07:24 ◆ 新三田駅→テクノ南

　7時16分に新三田駅に到着。今度は6番乗り場に停め、テクノ南行きになります。テクノ南は、北摂三田テクノパークという工業団地にあるバス停。テクノパークに通勤する人たちが、JR福知山線からバスに乗り換え、通路までいっぱいになりました。普通の大型バスなら2台必要な乗客数です。JR線と並行する県道のバス停で降りる人はほとんどおらず、左折してテクノパークに入ると、バス停ごとに乗客が降りていきます。7時57分にテクノ南に着き、回送で新三田駅へ向かいます。住宅地と工業団地では乗客の流れが逆なのです。

A：いったん事務所に戻り、始業点呼を受けます。

B：5時58分に三田営業所を出庫。6時01分発のゆりのき台4丁目から営業運転を開始します。

C：新興住宅地のバス停で通勤や通学のお客さんを乗せ、JR福知山線の新三田駅に向かいます。

D：新三田駅で乗客を降ろして車内点検。ゆりのき台4丁目に回送し、同じ系統をもう一度走ります。

新三田駅6番乗り場から、工業団地の北摂三田テクノパークにあるテクノ南バス停に向かいます。

通勤のお客さんで満員の車内。テクノパーク内のバス停で降ろし、回送で新三田駅に戻ります。

新三田駅5番乗り場で大学生たちを乗せると、ノンストップで関西学院大学に向かいます。

大学に到着すると営業所に無線連絡。新年度の授業開始からまもないこの日は学生が多かったため、臨時続行便として走るか確認します。

08:20◆新三田駅→関西学院大学

新三田駅に着くと、5番乗り場に停め、関西学院大学までノンストップで走る「KG Link」になります。この日は新年度早々だったために学生が多く、車内がまた通路までいっぱいになりました。大学に到着すると、営業所に無線を入れ、駅に乗り切れない学生がいないか確認。乗り切れない場合、たくさんの人が乗れる連節バスが臨時続行便として走りますが、営業所から大丈夫という回答がありました。そのため、ダイヤどおり回送で三田営業所に8時44分にいったん入庫。バスを駐車場に停め、西村さんは営業所の休憩室で待機します。

10:28◆回送 新三田駅→関西学院大学

10時28分に出庫して新三田駅へ回送。10時42分発の「KG Link」として、関西学院大学に向かいます。「KG Link」には普通の大型バスも使用されていますが、大学の授業の時間割に合わせて、学生がとくに多い時刻には連節バスが使用されています。10時57分に大学に着くと、今度は三田駅まで回送。2番乗り場から11時27分発の急行バスとして関西学院大学に向かいます。こちらは往復とも営業運転で、関西学院大学12時10分発→三田駅12時55分発の便として走ったのち、関西学院大学から回送で営業所に戻り、13時21分に入庫します。

A：三田営業所で約1時間半休憩したあと、10時28分に回送で新三田駅に向かいます。

B：再び新三田駅5番乗り場で大学生たちを乗せ、ノンストップで関西学院大学に向かいます。

C：関西学院大学から三田駅へ回送。三田駅→関西学院大学→三田駅→関西学院大学と営業運転したあと、関西学院大学から営業所へ回送します。

D：三田営業所で約2時間の休憩。この間に軽油を補給します。給油は2日に1回行っています。

13:21 ◆休憩　関西学院大学→三田駅

　この時間に給油することになっている3系統。燃料の軽油と尿素水を一日おきに入れます。2日分の消費燃料は152.48Lでした。続いて営業所の休憩室で昼食。電子レンジで弁当を温め、電子ケトルのお湯で味噌汁をつくります。三田営業所に食堂はありませんが、給食会社にあらかじめ弁当を発注しておくことができるそうです。およそ2時間の休憩をとったあと、15時13分に営業所を出発。関西学院大学15時20分発→三田駅15時45分発の急行バス1往復を終えると、回送で営業所に戻り、16時59分まで休憩室で待機します。

事務所棟の休憩室で、自宅から持参した弁当の昼食。休憩室には電気ケトルや電子レンジが置かれています。

15時13分に出庫して関西学院大学へ回送。三田駅まで1往復したあと三田営業所で待機します。

16時59分に出庫して関西学院大学へ回送。17時06分にノンストップで新三田駅に向かいます。

17:33 ◆関西学院大学→新三田駅　入庫

　関西学院大学まで回送し、授業を終えた学生を15人ほど乗せ、17時06分発の「KG Link」として新三田駅へ。これですべての営業運転が終了し、回送で営業所に入庫したのは17時33分です。走行距離の短い路線ばかりだったこともあり、終日ほぼダイヤどおり走ることができました。運賃箱の金庫を空の金庫と入れ替え、使用していた金庫は事務所の運賃集中精算機にセットして精算します。

　バスの終業点検を行い、乗務日誌を記入し、終業点呼を受けて一日の仕事が終わりました。3系統の退勤時刻は17時46分です。お疲れ様でした。

運賃箱の金庫を空の金庫と交換して降ろし、事務所の運賃集中精算機にセットして精算します。

17時21分に新三田駅に到着してすべての営業運転が終了し、回送で営業所へ帰ります。

事務所で終業点呼を受けて業務が終了します。

第4章 西武バス 練馬営業所 整備士長：清水亮弘さん

バス整備士の一日

西武バス練馬営業所の整備工場。一般路線バス・高速バス・貸切バスが計90台配置されています。

東京都練馬区南田中にある西武バス練馬営業所。工場ではここに所属する一般路線バス、高速バス、貸切バス、計90台のほか、西武観光バス練馬営業所の貸切バス17台、西武総合企画高野台営業所の特定バス15台を整備しています。1年ごとの車検整備と3か月ごとの法定整備に加え、45日ごとの自主点検を行っている西武バスグループ。その現場を観察するため、整備士長・清水亮弘さんの出勤から退勤までの仕事に密着しましょう。

09:00 ◆朝礼

西武バスの整備士の日勤の勤務時間は9時から17時50分までです。整備士長の清水さんは基本的に日勤ですが、余裕を持って8時30分に出勤し、運転士と同じように事務所でアルコールチェックを行います。工場の更衣室で作業服に着替え、事務所に戻って9時からの全体朝礼に参加。所長、副所長、助役などから出される連絡事項や注意事項を全員で共有します。なお、整備士の勤務として、早朝出庫のトラブルに対応するための6時30分から15時20分までの早番、整備士として働く前に早朝にバスに乗務する兼務運転士もあります。

出勤した清水亮弘整備士長は運転士と同様、営業所の事務所でアルコールチェックを受けます。

工場で作業服に着替え、事務所で9時の朝礼に参加。さまざまな役職の人たちと情報共有します。

工場の事務室で整備士だけの朝礼を実施。各整備士の今日一日の作業内容を確認します。

09:10 ◆エアコンのフィルター清掃

　事務所での全体朝礼に続き、工場の事務室で整備士だけの朝礼。工場のリーダーである清水さんは、各整備士に今日の作業内容を確認します。朝礼が終わると、各自が作業を担当する車両へ。清水さんはそれぞれの作業をチェックし、人手が必要な箇所を応援します。この日はまず、45日点検中のいすゞエルガに入り、エアコンのフィルター清掃を行いました。45日点検では、チェックシートにある、かじとり、制動、走行、緩衝、動力伝達、電気、原動機などの装置と、車内外表示、車体、ワンマン装置、エアコンなどを点検します。

10:00 ◆トルクコンバーターの取付ボルト締め

　次に作業をしたのは、臨時整備中の三菱エアロスターです。臨時整備は法定整備や定期点検と異なり、突発的な不具合に対応するものです。この車両はオイル漏れが見られたために入工し、アリソン製のオートマチック・トランスミッションの交換を行いました。すでに交換が終了し、試運転の準備が進められています。清水さんがエンジンのクランク軸を手動で少しずつ回し、ちょうどよいところで止めると、エンジンの下に潜り込んだもう1人がトルクコンバーターのボルトを締めます。2人で声をかけあい、一周分を締めました。

いすゞエルガで、定期点検の項目のひとつであるエアコンのエアフィルター清掃を行います。

三菱エアロスターのアリソン製オートマチック・トランスミッションの交換を手伝います。

オイル漏れで臨時整備中の三菱エアロスターのトルクコンバーターのボルト締めを2人で協力して行います。

各整備士の作業の進み具合を確認して回ります。

ギヤを入れると鳴くという運転士の指摘があった三菱エアロミディ(右端)の整備を手伝います。

三菱エアロミディのマニュアル・トランスミッションのオーバーホールを2人で協力して行います。

メーカーから届いた高速バスのエアサスを検品します。エアサスは5年で交換しています。

10:30◆ミッションのオーバーホール

続いて就いたのは、臨時整備中の三菱エアロミディです。この車両はギアを入れると鳴く(異音がする)という運転士からの指摘を受け、マニュアル・トランスミッションのオーバーホールを行っています。メインシャフトに直径と歯数が異なる1速から6速のギアを組み付けていきます。その作業のあとは、メーカーから届いたいすゞガーラのエアサスペンションの検品を行います。西武バスではたとえ不具合がなくても、決められた期間使用した部品を交換する「計画整備」を行っています。高速バスのエアサスは5年で交換します。

12:00◆昼休み

12時から13時は休憩時間です。整備士は運転士と異なり、決められた時間に一斉に休憩します。昼休みの時間帯には、工場は物音ひとつしない状態になります。ただし、出庫前や入庫後の運転士から応急修理の要請があったときは、休憩時間をずらして対応しています。西武バス練馬営業所の事務所の2階には社員食堂があります。清水さんはここで昼食をとりました。ほかの整備士と一緒に食事することもあるそうですが、運転士の休憩時間はバラバラなので、一般企業のように昼休みに食事をする人が集中することはありません。

12時から13時までは休憩時間です。この日の清水整備士長は営業所の食堂で食事をとりました。

整備士は運転士と異なり、全員が一斉に休憩をとるため、12～13時には工場の作業が止まります。

午後はまず、45日点検が終了したいすゞエルガを営業所構内と公道で試運転しました。試運転で不具合が見つかれば、もう一度整備を行います。

乗務前の始業点検を終えた運転士から、ウィンカーの球切れを指摘されたため、交換を行います。

13:00 ◆試運転　応急対応

　昼休みが終わると、45日点検が終了したいすゞエルガの試運転です。試運転は初めに営業所構内で行い、異常がなければ公道の決められたルートを走ります。そのためバスの整備士は、大型一種免許を保有している必要があります。試運転で不具合がなければバスを駐車場に停め、不具合があれば再び工場で整備します。試運転から戻ると、始業点検を終えた運転士から、リヤのウインカーの電球交換と運賃箱のICカード読み取り機の点検を依頼されました。計画整備をしていても不具合は発生するため、始業点検はとても大切です。

17:50 ◆部品発注　退勤

　無事に出庫したバスを見送ったあと、工場の事務室でパソコンを開きます。今日の整備に使った部品、これから使う予定の部品を補充するため、メーカーにインターネットで発注します。バスは乗用車と異なり、ワンマン機器などの車載装置の部品がとても多いので、発注先はバスのメーカーやディーラーだけでなく、運賃箱や案内表示器、スピーカーのメーカーなどさまざまです。最後に各整備士の作業を確認。順調なので全員が定時の17時50分で作業を終え、清水さんは18時過ぎに更衣室で私服に着替えました。お疲れ様でした。

運賃箱のICカードの読み取り機能にも不具合があったため、カバーを外して原因を特定します。

最後に、今日一日の整備、これからの整備計画で必要が生じた部品をメーカーに発注します。

工場の更衣室で着替えて業務が終了します。

139

第4章 神奈川中央交通 中山営業所 運転士：三浦優輝さん
バス運転士という生き方

19歳で路線バスの運転士になった三浦優輝さん。

三浦優輝さんの経歴

2002年11月	横浜市緑区に生まれる
2018年4月	自動二輪免許を取得
2021年4月	神奈川中央交通に入社 養成運転士 （事務補助）として 中山営業所に勤務
5月	取得制度を活用して 普通一種免許を取得
2022年4月	研修センターで月1回、 大型車の運転訓練を開始
5月	道路交通法の改正により 大型免許の受験資格緩和
8月	取得制度を活用して 大型二種免許を取得 研修センターで 新人運転士教育を受講
9月	中山営業所での 路線教習がスタート

横浜市で生まれ育ち、地元のバスのファンだった三浦優輝さん。高校卒業とともに神奈川中央交通に入社し、事務職に就きながら、運転士になれる年齢を待ちました。そして2022年5月の法改正により、19歳で大型二種免許を取得。住み慣れた街で乗務を開始し、どんな状況下でも冷静にハンドルを握り、乗客に安心してもらえる運転士を目指しています。

幼いころから大好きだったバス
高校の求人票を見て神奈川中央交通へ

横浜市旭区の高台住宅地にある神奈川中央交通中山営業所。所属車両の三菱エアロスター「な161」は2007年式ながら、ホイールまでピカピカに磨き上げられています。この車両を担当しているのは三浦優輝さん。バスと5歳しか違わない2002年生まれ、まだ20歳のフレッシュな運転士です。

横浜市緑区で生まれ育った三浦さんは、幼いころから乗りものが大好き。地元のバスや鉄道に乗ったり、写真を撮ったりしているうち、とくにバスへの関心が高まっていきました。中学生になると、将来の仕事としてバス運転士を意識。高校に入って自動二輪免許を取得し、バイクを操るようになると、その思いはより強くなっていきました。

3年生になったとき、高校で神奈川中央交通の求人票を発見。それは養成運転士として入社し、大型二種免許がとれるまでの約3年間、事務職として働くというものでした。

「どちらかと言えば事務は苦手でした。でも、そういう経験をすることが自分にとってプラスになると考え、がんばってみようと思いました」。

こうして2021年4月、三浦さんは神奈川中央交通に入社。自宅に近い中山営業所に配属されました。この年、養成運転士として入社した同期は5人。みな神奈中バスの沿線で育ち、バスが大好きなメンバーだったそうです。

高校の修学旅行のとき、恩師・同級生たちと。

普通免許を取得すると、マニュアルシフトのマイカーを購入して、運転の練習をしました。

苦手な事務の中にもやりがい
会社の負担で普通免許を取得

　養成運転士の事務職としての業務内容は、営業所により異なっています。中山営業所の場合、会計、勤務作成、運行管理などの補助、そして折り返し所の休憩施設の清掃などでした。物心がついたときから携帯電話があり、コミュニケーションツールはLINEという世代の三浦さん。初めは乗客との電話でのやりとりに苦労したそうです。
　「でも、財布や携帯など大事なものを落とされた方に"見つかりましたよ"とお電話すると、本当に嬉しそうな様子が電話越しに伝わってきて、とてもやりがいを感じましたね」。
　また入社とともに普通免許取得のための合宿にも参加。養成運転士の免許取得費用は、一定の条件のもとで、神奈川中央交通が全額を負担してくれるそうです。
　「技能教習の坂道発進がちょっと苦手でした。でも全体としては予定どおり段階が進んでいって、5月には取得することができました」。
　普通免許取得とともに、マイカーとしてマニュアルシフトのスバルインプレッサを購入。毎日の通勤に使用したほか、休日もドライブに出かけるなどして、運転経験を積んでいきました。苦手だった坂道発進も、いつしか克服していました。
　そして1年後の2022年5月、当初の予定よりずっと早く、三浦さんに大きな転機が訪れました。

法改正で変わった二種免許取得年齢
研修センターで訓練を重ねて受験

　2022年5月13日、道路交通法の一部を改正する法律等が施行され、大型免許、中型免許、二種免許の受験資格が緩和されました。「受験資格特例教習」を修了することによって、19歳以上で、かつ普通免許等を受けていた期間が1年以上あれば、大型二種免許を取得することができるようになったのです。
　神奈川中央交通では養成運転士に対して、大型二種免許取得のための訓練を実施。三浦さんも秦野市にある同社の研修センターで、訓練車の運転に取り組みました。
　「初めてバスの運転席に座って驚いたのは死角が多いことです。いろいろな箇所をミラーや目視で確認する作業を攻略するのに時間がかかりました。前輪が自分より後ろにあるという感覚も独特ですし、幅や長さも、最初はわかりませんでした」。
　バイクと乗用車の差より、乗用車とバスの差のほうが大きいと感じた三浦さん。試験を想定した技能では、鋭角が苦手だったとか。
　「ハンドルの切り始めと1回戻すところで、タイヤの位置や内輪差などを考えるのが大変でした」。
　失敗を繰り返しつつ感覚をつかんでいき、それなりの自信を持って臨んだという7月の試験本番。憧れの大型二種免許を手にしたときは、本当に嬉しかったそうです。

神奈川中央交通中山営業所には75台の路線バスが配置されています。

三浦さんが生まれ育った街の路線バスを運行している中山営業所。

指導運転士と並んで点呼を受け、実車教習が始まります。

プロのバス運転士になるために人の命を預かる運転を習得する

　大型二種免許取得後、研修センターで、今度はプロのバス運転士になるための研修が始まりました。まずは場内で車両感覚を十分に養い、バス停にスムーズに発着する訓練が行われました。ドアの操作やアナウンスも練習しなければなりません。

　「運転しながら同時進行でのいろいろな操作は難しかったですね」。

　これらを習得すると、今度は場外での研修に臨みます。教官からの指摘で印象に残っていることは、「止まれ」と強めに言われたときだそうです。

　「片側1車線の狭い道で、対向車線に大型トラックが来ていて、自分としては減速すればすれ違えると思ったのですが、"相手を信用するな"と教えられたんです」。

　また、駐車車両などの障害物を避けるとき、減速や障害物との距離が十分でないと指摘されたこともありました。自分では警戒しているつもりでも、教官には不十分だと判断される危険予知能力。人の命を預かるプロの運転技術のレベルの高さを思い知らされたそうです。

　およそ2か月の研修を終え、事務職として勤務していた中山営業所へ9月に戻った三浦さん。初めての担当車として預かった「な161」のハンドルを握り、今度は生まれ育った街を走る教習が始まりました。

A：出発前に始業点検をして、エンジンに異常がないかどうか確認します。
B：終点に到着後は車内を巡回して、忘れものがないかを確認します。
C：初めは指導運転士が添乗し、プロのバス運転士として独り立ちするための教習が行われます。
D：「お客様に安心して乗っていただけるような運転士」になることが三浦さんの目標です。
E：三浦さんの担当車「な161」は、2007年式の三菱エアロスターです。

生まれ育った街で乗務を開始 お客様が安心できる運転士に

　営業所では最初の2日間、指導運転士のバスに便乗し、所管路線を見学するのが通例です。けれどバスファンである三浦さんは、すでに路線を把握していたため、指導運転士が添乗に回り、初日からハンドルを握ることになりました。
　3日目からスターフを預かり、実際に乗客を乗せての教習が始まりました。アクセル、ブレーキ、ハンドルを滑らかに操作するのはもちろん、定時運行のプレッシャーを初めて感じることになりました。
　「朝の通勤時間のお客様は電車の時刻を決めておられるので、信号で停まるたびに溜め息が聞こえる気がします。安全を確保したうえで、ロスタイムを少しでも削っていくことが課題だと思いました」。
　そのために、中山営業所には少なくない信用先払い系統（→25ページ）の運賃操作を確実に習得することで、過収受による返金などが生じないように努力したそうです。
　「たとえ遅れて焦っている状況でも、冷静でいなければお客様が不安になると思うんです。お客様に安心して乗っていただけるような運転士になりたいと思っています」。
　3か月の実車教習を終えて、1人での業務を開始。いまでは乗客からお礼状をもらうほどの運転士に成長しました。全国に誕生した19歳のバス運転士1期生の1人として、大いに活躍することでしょう。

第4章 東急バス 目黒営業所 運転士：横山範子さん
バス運転士という生き方

横山範子さんの経歴

1973年	東京都内で生まれる 神奈川県下で育つ
1998年	東急トランセに入社 教習所に配属され 大型二種免許を取得 下馬営業所の路線バス運転士となる
2000年	東急トランセ弦巻営業所開設に伴い同所に異動
2002年	渋谷羽田空港線の東急トランセ移管に伴い同路線に乗務
2007年	結婚および第1子出産により産休、翌年復帰
2010年	東急バスに転籍、目黒営業所に異動
2014年	第2子出産により産休、翌年復帰
2024年	東急バスが東急トランセを吸収合併

子育てしながらバス運転士を続けてきた横山範子さん。

　1998年、東急バスは子会社の東急トランセを設立しました。おしゃれな代官山の街を走り始めたワインレッドのマイクロバスは、運転士全員が女性ということで大きな注目を集めました。横山範子さんはそのとき入社した1期生の1人です。常に前向きに運転スキルを磨いて東急バスに移籍。いまは2人の子育てをしながら、ハンドルを握り続けています。

求人誌の広告に運命を感じ
トランセ運転士第1期生に

　昼下がりの東急バス目黒営業所。14時の出庫を前に、横山さんが乗務するバスのフロントガラスを拭いています。三菱エアロスターの窓は大きく、小柄な横山さんは背伸びしなければならないので、たいへんそうです。けれど、この大きなバスを操ることにこそ、横山さんはやりがいを感じています。
　家政学院大学に学び、管理栄養士の国家資格を取得した横山さん。フードサービスの会社に就職すると、病院の厨房に配置されました。年上女性ばかりのパートメンバーに、あれこれと指示を出す立場。半地下の暗い職場で働くうちにストレスがたまり、「毎日の天気がわかる、外で仕事がしたい！」と思うようになりました。
　大好きな運転に職種を絞り、転職を計画。どうせ乗るなら大きなクルマがいいと、大型免許を取得しました。深夜のファミレスで初めてめくった求人雑誌の『とらばーゆ』。そのとき、東急トランセのオープニングスタッフ、女性運転士募集の広告が目にとまりました。
　「運命だね！　って思いました。バスに乗れるかもしれないなんて！」。
　親の反対を押し切って応募。10人の仲間とともに合格し、まるで部活に励むかのように競って二種免許に挑戦しました。東急トランセのマイクロバス・三菱ローザはまだ納車されておらず、同じようなマイクロバスをレンタルしての路線教習。そして1998年7月、代官山線開業とともに、路線バス運転士としてデビューしたのです。26歳のときでした。

144

東急トランセ代官山線の出発式に勢ぞろいした1期生の運転士のみなさん。

初めは代官山線の三菱ローザに乗務しました。

乗客の言葉、先輩の配慮
温かな環境で成長した日々

　女性運転士だけの会社東急トランセ、住宅地の狭い道を縫う代官山線は大きな注目を集め、マスコミに取り上げられる機会も多くありました。しかし当初、バスの開通を知らないマイカーが路上駐車し、通れずに警察を呼んだこともありました。一方で、沿線に住む人たちにはとても歓迎されたそうです。
　「バスを通してくれてありがとう。便利になったわ」と嬉しい言葉をかけられることもありました。
　「女性だけのバスということで、渋谷ではほかの東急バスがいつも道を譲ってくれました」。
　初めて雪が降った朝には、曲がり角という曲がり角に、彼女たちを心配して立つ本社スタッフの姿がありました。
　「笑っちゃったけど、とても心強かったことをいまも覚えています」。
　まだ女性バス運転士が珍しかった当時、乗客も、同僚も、本社の社員も、すべてが温かく見守るなか、横山さんたちは成長していきました。

大型車に憧れて一般路線へ
先輩から学んだ技と精神力

　翌年の夏に野沢線と渋沢線、秋には環七線が東急バスから委託され、東急トランセにも中型車や大型車が入りました。また東急トランセでは、男性運転士も活躍を開始しました。代官山線に慣れ、大きなバスに乗りたくなっていた横山さんは、教習を受けて中型車や大型車に乗務。しかし、代官山線とは異なる一般路線の乗客の洗礼に傷ついたと言います。
　「ダイヤどおりちゃんと運転しているのに"ああ、女性だから遅かったのね"と言われたりしました」。
　女性＝運転が下手……そんな偏見を持つ乗客がまだまだいる時代だったのです。
　それでも横山さんは、一般路線の大型車に乗務することにやりがいを感じました。東急トランセ弦巻営業所が開設された2000年には、「代官山線を卒業したくて」弦巻に異動。さらに、渋谷羽田空港線の東急トランセへの委託が決まると、自ら手を上げて空港線のハンドルも握りました。
　弦巻営業所は東急バスの営業所に同居しており、ベテラン運転士がたくさん勤務していました。出先交代のため先輩のバスに便乗すると、「こんなに滑らかに発進するんだ」「こんなに停留所に寄せるんだ」と感心することが多く、それを手本に技術を磨いていきました。空港線では、リムジンバスを専門的に運行している東京空港交通のバスの後ろについて、クルマの流れる車線はどれかを習得していきました。
　「あせらなくていいんだよ」と繰り返す先輩。スタッフを気にしてアクセルを踏んでも、終点に着く時刻はほとんど変わらない。それを実感した横山さんは、いつのまにか乗客の言葉や周囲のクルマの動きに惑わされないタフな運転士になっていました。

A：目黒営業所での始業点呼。横山さんは2010年に東急トランセから東急バスに転籍しました。

B：出発前に始業点検をして、タイヤやホイールに異常がないかどうか確認します。

C：バンパーに乗ってフロントガラスを磨きます。

D：この日は午前中の仕事を終えて入庫したバスだったので、車内の清掃も行いました。

子育てしやすい"ママダイヤ" 東急バスへの転籍後も継続

　2007年春に結婚。相手は東急トランセの同僚運転士で、のちに別のバス事業者に転職しました。すぐに妊娠して産休をとり、秋には男の子を出産。子どもが保育園に入った翌年春、運転士として職場に復帰しました。

　このとき偶然、同じタイミングで出産した運転士がいました。もともと女性の職場だった東急トランセだけに、将来を考慮すると、幼い子どもを持つ女性運転士が無理なく働ける環境づくりは大切なことでした。そこで、所長と労務管理者が彼女たちの希望を聞き、子育てしながら乗務しやすい"ママダイヤ"の作成が行われました。

　朝、保育園に子どもを送れば、夕方は少し延長保育が頼める横山さんは10〜19時。朝はおばあちゃんに見てもらえるけれど、夕方は早く帰りたいもう1人は7〜16時。完全オーダーメイドの画期的な"ママダイヤ"に、2人は毎日専属で乗務しました。

　そして2年後、上司から親会社の東急バスへの転籍を打診されました。"ママダイヤ"が継続されるなら転籍したい、と横山さん。すると、東急バスでも初めて"ママダイヤ"を採用。女性用の施設を完備し、朝夕と日中の稼働車両数の差が少なく、"ママダイヤ"が作成しやすい、目黒営業所に配属が決まりました。

　恵まれた環境のもと、2013年春には第2子となる男の子を出産。2014年4月に復帰しました。他社で運転士を続けるご主人も育児にとても協力的で、早番の日には保育園のお迎えを行いました。

　「主人が残業を全然しないので、"もう少し乗ってくれないかな"って、上司から言われたみたいです」と笑い、感謝していると付け加えました。

横山さんの運転で碑文谷の碑さくら通りを走る東急バス黒01系統。

「ママはこうやって働いているんだよ」と、子どもに見せられる仕事で良かったと語る横山さん。

いまは"女性ならでは"の優しい運転に努めています。

女性運転士の先駆者が思う ずっと運転できている幸せ

　その後も、東急トランセでは多くの女性運転士が"ママダイヤ"で乗務してきたそうです。横山さんと東急トランセの労務管理者が築いた環境は、いまも着実に引き継がれており、女性運転士の出産後の雇用継続に貢献しています。
　「運転技術については大ベテランの先輩方にお任せしますが、仕事と育児の両立で悩む後輩のサポーターにはなってあげられると思います」。
　長男がまだ幼かったころ、横山さんのバスに乗せるとたいへん喜んだそうです。

「"ママはこうやって働いているんだよ"って、実際に見せられる仕事で、とても良かったと思います」。
　年配の女性の乗客から、こんな言葉をかけられたことがあるという。
　「いまは女の人もバスを運転できるのね。私もやりたかったなぁ……」。
　"女性だから"と言われることが以前は嫌いだったという横山さん。しかしそれ以来"女性ならでは"の優しい運転に努めていると胸を張ります。
　「子どもを産んでもいまなおバスを運転できていることが本当に幸せです。毎日ドタバタですが、とても充実しています」と、目を輝かせていました。

147

第4章 山梨交通 本社工場 整備士：中込芳博さん
バス整備士という生き方

本社工場の大型整備班でバスの整備を行う中込芳博さん。

中込芳博さんの経歴

1970年	山梨県甲府市に生まれる
1988年	甲府市内の一般企業に就職、工場に勤務
	10月に櫛形町の自動車整備会社に転職
2007年	山梨交通に入社 本社工場に勤務
2008年	山梨県自動車整備技能競技大会に出場 第3位
2012年	山梨県自動車整備技能競技大会に出場 第1位
2013年	山交タウンコーチ身延営業所に出向
2015年	山梨交通本社工場に異動
2018年	山梨交通が山交タウンコーチを吸収合併

　クルマが大好きで、町の自動車修理会社に入社した中込芳博さん。そこで磨いた整備技術を測ろうと、37歳のとき、山梨交通に転職しました。興味がなかった大型車の整備に楽しみを見出し、県の自動車整備技能競技大会で優勝。グループ会社の小さな営業所では仕事の幅を広げました。自らの経験を後輩たちに伝えつつ感じる、整備士のやりがいとは？

仕事を任されることで成長
町工場で磨いた整備の技術

　車検入場中のいすゞエルガLVノンステップバス。6HK1型エンジンのシリンダーブロックを開けて、クランクシャフトを取り出しているのが中込芳博さんです。摩耗した部品の交換がこの日の仕事でした。
　「大型車には興味なかったんですけどねぇ」と笑うものの、山梨交通に入社してから延べ15年間、ここ本社工場の大型整備班に籍を置いています。
　山梨県甲府市で育った中込さんは高校卒業後、市内の工場に就職。しかしクルマ好きの虫が騒ぎ、わずか半年後に自動車整備会社に転職しました。入社直後の中込さんにいきなり、バラしてあった乗用車のエンジンを「組んでみろ」と社長。その作業は楽しくてたまらず、みごとに組み上げてしまいました。その結果、社長に素質を見込まれた中込さんは、次々に仕事を任されて成長。三級、二級の整備士資格をいずれも一発合格で取得してしまいました。
　「任されることで、仕事を覚えました。いい会社に入ったと思います」。
　20年近い経験を積んだころ、高齢になった社長が事業の縮小を決意。「あとは1人でやるから」と、中込さんに転職を勧めました。そんなとき見つけたのが、山梨交通の整備士募集広告でした。同社には一級整備士がいることがうたわれており、優秀な整備士のもと、町工場で磨いた自分の腕がどこまで通用するか試したくなりました。こうして2007年、37歳になった中込さんは山梨交通に入社しました。

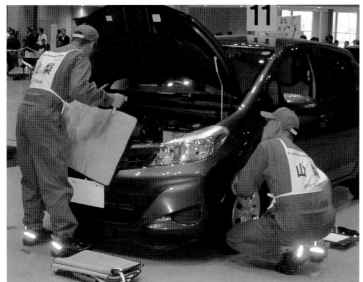

2012年には同僚とともに自動車整備技能競技の全国大会に出場。不良箇所を見つけて修理する実車競技、点検結果の説明を行うアドバイザー競技において、全国の代表たちと得点を競いました。

興味がなかった大型車整備を
プラモデルだと思って楽しむ

　山梨交通の本社工場は、主にバスの車検整備を担当する大型整備班、タクシーやマイカーの車検整備を行う小型整備班、バスの車体をリニューアルする車体班、板金と塗装を担当する板金班、電気系統の仕事を引き受ける電装班に分かれています。大型車に興味がなかった中込さんですが、配置されたのは大型整備班でした。

　「最初は"うわ〜どうしよう"と思うこともありました」と中込さん。たとえば、乗用車とはメカニズムが異なるブレーキの調整。踏みしろの感覚をつかむまで、試行錯誤を何度も繰り返しました。整備士歴19年。乗用車は自分なりに完璧にやってきたつもりでした。バスでもまたいい仕事がしたい。だから先輩たちの言葉に真摯に耳を傾け、頭ではなく体で仕事を覚えていきました。半面、乗用車の整備経験が、バスの整備に生かせるケースもありました。

　「走りの装置は知恵の輪になっているんです。前の会社でいろいろな知恵の輪を解いてきたので、それを応用して、こういう外し方をするんだろうなということはわかりました」。

　バスは大きなプラモデルだ。そう思ったとき、バスの整備を楽しめるようになってきたそうです。

整備技能で県内1位を獲得
全国大会敗退で学んだこと

　入社の翌年、中込さんは上司に薦められ、山梨県の自動車整備技能競技大会に出場しました。これは整備士が2人ひと組で、乗用車（トヨタビッツ）の12か月点検を行うというもの。エンジンと足まわりに設けられた不良箇所をいち早く見つけ、的確に修理する実車競技と、クルマを受け入れ、点検結果の説明を行うアドバイザー競技。計200点満点で採点され、優勝組は翌年の全国大会に出場します。

　中込さんたちの成績は第3位。2位に1点差、1位に2点差、記録簿の記載ミスが敗因という悔しい結果でした。自分の中で納得できなかった中込さんは、4年後にリベンジしたそうです。

　「上司が2位をとっているので、それを超えたいという気持ちもありました」。

　そしてついに優勝。全国大会に出場しました。しかし全国大会のレベルは高く、中込さんたちは緊張の中で力を発揮できずに終わりました。

　「それぞれの作業で精いっぱいで、互いの声かけが不十分でした。2人で一緒に考えれば、解決できる問題もあったのではないかと思います」。

　チームとして協力し、仕事することの大切さ。それを学んだ自動車整備技能競技の全国大会でした。

山梨交通の本社工場。自社のバスだけでなく、一般のトラックや乗用車なども整備しています。

久遠寺の山門をくぐる身延営業所の路線バス。身延には2年間勤務し、仕事の幅を広げました。

先代モデルのいすゞガーラ。中古購入車両では、純正部品が使用されていないこともあります。

整備の幅が広がった営業所
発見は常に本社工場と共有

2013年にはローカルバスや貸切バスを運行していたグループ会社の山交タウンコーチに出向。身延営業所の工場で働くことになりました。本社工場で車検整備を担当していた中込さんにとって、ドアやエアコン、ワンマン機器などは未知の分野。けれど整備士は2人だけしかおらず、何もかも手がけざるを得ませんでした。中込さんは先輩や引退した整備士からひととおりのことを教わり、自分なりに勉強も重ねて技術を身につけていきました。

持ち時間の制約も、営業所の整備の宿命です。とくに地方の営業所は車両数がわずか。シーズン中の観光バスは、夜遅く入庫して、翌朝また出かけるため、整備時間はその間しかありません。出先から不具合の連絡を受けると、入庫前にできるだけの資料を集め、深夜に作業して修理を完了させました。

運転士とのコミュニケーションによって、本社工場では聞こえなかった声が聞こえてくることもあったそうです。運転士だからこそ感じる異音や振動の訴えもそのひとつだと言います。

走行中にカタカタ音がするという、いすゞガーラの先代モデル。リヤにあるトルクロッドのブッシュを疑いましたが、見た目ではわからず、バールを入れて回してもガタはありません。しかし外してみるとわずかに動き、それが原因であることが判明しました。同型のガーラで、橋の継ぎ目でDVDが飛ぶと言われたこともありました。サスペンションのベローズを確認すると、純正品と硬さの異なる社外品が使われていました。これを純正品に戻したところ、ガタつきが収まったそうです。

こうした情報は本社工場に伝え、点検時や資材発注時の留意事項として共有しました。チームとして、整備技術を向上させたかったからです。

いすゞエルガの摩耗した部品を交換。バスの部品は大きくて重いので、先輩から教えられた取り扱い方法を守り、ケガのないようにしています。

身延営業所での経験を生かし、電装品の修理を行うこともあります。

高速バスはドアの開閉回数が多いので、ドアの調整も大切な仕事です。

技術と直す楽しみを若手に ありがとうが疲れを癒す薬

バスを取り巻く環境が厳しさを増し、一時期、路線廃止や分社化による事業規模の縮小を行った山梨交通。整備士も、採用を控えたことがありました。その結果、退職者の後が空洞化し、経験の浅い若手ばかりになりました。そこで行われたのが、中込さんのような経験者の中途採用でした。整備技術の伝承もまた、中込さんに課された大切な仕事でした。2015年の春、本社工場に戻った中込さんは、営業所での経験を若い後輩に積極的に伝え始めました。

「技能競技にもう一度出たいという気持ちはありました。でも、自分の経験を話すことで、次は若い人たちにがんばってもらいたいと思ったんです」。

近年、整備士を志す若者が少ないことを嘆く中込さん。クルマの電子化が進んだことで、整備士の仕事が「修理」から「交換」に変わり、自分の腕を磨く面白味がなくなったからではないかと分析します。

「でも乗用車に比べれば、バスは足まわりでもボディでも、直せる楽しみがまだまだ残っています。これはもうバスでしか味わえないと思います」と力説する。担当車制の山梨交通では、運転士がみな自分のバスを大切しています。不具合が改善されたときは、とても感謝されるそうです。

「運転士さんに"ありがとうね"って言ってもらえるのが、すごく嬉しいんです。どんなに苦労しても、そのひと言が薬になって癒され、整備士を辞められなくなりますね」。

中込さんはいま一級整備士を目指し、さらに仕事に打ち込んでいます。

第4章 しずてつジャストライン 安全研修センター 副所長：小川和浩さん
研修センターの教官という生き方

小川和浩さんの経歴

1963年	静岡県島田市に生まれる
1981年	高校卒業とともに建設会社に就職
1984年	重機輸送会社に転職
1988年	静岡鉄道に入社 丸子営業所に配属 路線バス運転士となる
1999年	藤枝営業所島田支所に異動
2000年	貸切バス運転士となる 焼津営業所に異動
2002年	相良営業所に異動 路線バス運転士となる しずてつジャストラインに入社
2006年	運転士（助役見習）に任命される
2007年	運行助役に任命される
2009年	岡部営業所に異動
2013年	安全対策部運行保安課係長に任命される
2018年	安全運行統括部教育センター副所長に任命される
2022年	安全運行統括部安全研修センター副所長に任命される

検定コースで走行教習を行う小川和浩さん。

　静岡鉄道のバス営業所の近くで育った小川和浩さん。大型車の運転に憧れ、建設会社のダンプカーや運送会社のトレーラーを操る仕事に就きました。しかし結婚を前に静鉄の路線バス運転士に転職。貸切バスや特急バスにも乗務したのち、運行助役や教育センターの教官を経験しました。安全研修センターが開設される際にはコース設計から携わり、いまは副所長として後輩たちの育成にあたっています。

大型車に憧れ重機輸送会社へ
結婚を前にバス運転士に転職

　しずてつジャストラインが2022年の春、静岡市清水区に開設した安全研修センター。1万6,000m²を超える敷地に立体型コースと平面コースを併設した大規模な施設です。コース上の訓練車に乗り込み、若い運転士の操作を注視しているのは小川和浩さん。同社のバス運転士として19年間勤務したのち、このコースの設計に携わり、副所長を務めています。

　静鉄バス島田営業所の近くに住み、車庫入れの笛の音を聴きながら育ったという小川さん。大型車の運転に憧れ、高校を卒業すると建設会社でダンプカーや重機を整備する仕事に就きました。やがて大型免許・けん引免許を取得し、重機輸送会社に転職。大型車とトレーラーの特性を叩き込まれ、荷崩れしやすい建設資材の運搬などに汗を流しました。

　「そのころ結婚したい人ができたので、昼夜関係ない仕事でなく、毎晩ウチに帰れる仕事をしたいと思い始めたんです」と小川さん。幼いころ憧れ、職業ドライバーの最高峰と考えていた静岡鉄道のバス運転士を目指し、大型二種免許を取得しました。当時は静鉄のバス運転士になることは狭き門でしたが、たまたま行われた運転士の求人に応募し、みごと合格してバス運転士の道を歩み始めました。

静岡鉄道に入社する前には、トレーラーで建設資材を運搬していました。

30代のころには貸切バスにも乗務していました。

前職の技術を生かして運転
10年間無事故表彰を受ける

　丸子営業所の路線バス運転士となった小川さん。担当車はシンクロがないミッション、変速にコツがいる旧型車両でしたが、建設会社の古いダンプカーで身に着けた技術で乗りこなしました。
　「いまより停留所が多く、発進停車の連続で変速操作が多すぎ、手袋に3日で穴が開くほどでした」。
　建設資材の運搬で培った繊細な運転技術は、人を乗せて走ることにも生かすことができ、お客さんから「気持ち良く乗せてもらったよ」と褒められたこともありました。一方で、初めての接客業であり、アナウンスを教えられたとおり間違いなく行うのに必死だったと言います。
　「定期券を忘れた小学生がいて、帰りのバス代が心配なので、先生に相談するように言いました。すると他のお客様から、"自分が乗るバスにこんな優しい運転士さんがいて嬉しい"とお褒めの言葉をいただいたことを覚えています」。
　狭い道では、とくに歩行者の子どもに神経をとがらせました。何かに夢中になっている子どもの視野は、とても狭くなっているからです。
　「女の子1人が友だち2人に追いかけられているのが見えて、危険を感じたので停車しました。案の定、逃げている1人はバスにまったく気づいておらず、バスにぶつかる寸前で驚いて止まりました」。
　こうした努力の結果、小川さんは1999年、10年間無事故表彰を受けました。

貸切バスや特急バスにも乗務
運行助役から教育センターへ

　同年に島田支所へ移って貸切バスに乗務。翌年には貸切バスの集約によって焼津営業所へ異動しました。雪がほとんど降らない静岡なので、貸切バスに乗って初めて雪道を体験したそうです。
　「シングルチェーンで行けそうなのに、先輩に"ダブルで巻くぞ"と言われ、なぜかなと思ったら、ホテルの入口が坂だったり、駐車場が凍っていたりしました。状況を予知する大切さを教わりました」。
　貸切バスの再集約により、2002年に4人の同僚とともに相良営業所へ異動。相良～静岡間の特急バスなどに乗務しました。この年、静岡鉄道の乗合バス事業はしずてつジャストラインとして分社化されたため、小川さんも静岡鉄道を退社して同社の社員になりました。2006年に助役試験に合格し、助役見習を兼務しながら乗務。2007年には運行助役となり、初めての事務所勤務が始まりました。
　2009年に岡部営業所へ異動。顔も名前も知らない運転士たちを相手に、改善基準により変化した勤務のシフトを組むことに苦労したそうです。
　「相良ではみんな軽トラックで通勤していたのに、岡部の駐車場は乗用車ばかりでした。静岡市内に近いので、雰囲気がとても都会的でしたね」。
　2013年には安全対策部運行保安課の係長に就任。2015年から丸子営業所に併設されていた教育センターの係長となり、さらに2018年には同センターの副所長になりました。

153

小川さんがコースの設計を担当した安全研修センターの立体型コース。晴れた日には富士山が望める素晴らしいロケーションです。

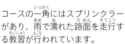

コースの一角にはスプリンクラーがあり、雨で濡れた路面を走行する教習が行われています。

研修センターのコースを設計
大型二種取得に向けた教習も

　教育センターでは当時、初任運転士教習のみが行われていました。しかし同社では、さらに高品質なバスサービスを提供するため、運転士全員を対象にした教習を計画しました。大規模な安全研修センターを建設することになり、小川さんは教習コースを描くように指示されました。
　「敷地の航空写真を見ながら、手書きで始めた仕事だったんです」。
　当初は運転の練習ができればよいということでスタート。しかし設計を進めるうち、初任運転士からベテラン運転士まで、いろいろな研修ができる施設へと変更することになりました。とくに、昨今では普通免許しか持たない新入社員もいるため、将来的にこのコースで大型二種免許が取得できるように、何度も警察に足を運び、公認教習所と同じ立体型コースをつくりあげました。
　こうして2023年3月、立体型と平面、2つのコースを持った安全研修センターが完成。小川さんは副所長に就任しました。従来からの初任運転士教習に加え、配属後の3・6・12・24か月教習、高速道路や雪道の訓練、勤続10・15・20年目のベテラン運転士教習を実施。さらには、大型二種免許取得前の養成運転士教習も開始されています。
　「自動車教習所では一日2時間しか実技教習が受けられません。ですから、当社のコースで大型車の感覚を十分身に着け、大型二種免許取得に臨んでもらっています」。

A：屈折コースでは、前輪より前に運転席があるバス特有のハンドル操作を解説しています。

B：バス停発着訓練コースでは、バス停で待つお客さんにドアをピタリと合わせる訓練をします。

C：事務所棟にある運転シミュレータでは、実際の路線で撮影された映像を見ながら教習を行います。

D：座学では、事故防止策やお客さんに好感を持ってもらえる接遇などについて講義をしています。

自動車を労わるのが快適な運転
バスを支えるすべての人に感謝

「私は入社してくる人に"マイカーのブレーキパッドを何キロ走ったとき交換しましたか？"と確認しています」と小川さん。荒い運転をしている人の中には、5万km程度で替えている人もいます。しかしプロのバス運転士には、15万kmを超えても替えずに済んでいる人がいるのです。自動車を労わる運転、イコール乗り味がソフトな運転で、それが乗客にとっても快適な運転になるのです。大型の車両感覚は大型車に乗らなければ養えませんが、自動車を労わる運転はマイカーでも可能なので、バス運転士を目指す人にはぜひ実践してほしいと言います。

「36年前、静鉄に採用されたことを重機運送会社の社長に伝えると、"お前もいよいよプロになるのか"と言われました。トレーラーに乗っていて、自分はプロだと思っていた私は、当時その意味がわかりませんでした。でも、いまはとても身に染みています」。

職業ドライバーの最高峰に位置しているのがバス運転士。しかし半面、自分1人で仕事ができていると自信過剰になってはいけないと戒めます。

「バスを整備してくれる人、ダイヤをつくってくれる人、運行管理をしてくれる人、そしてもちろんご乗車いただくお客様。そういうすべての人々への感謝の心を持って、初めてお客様に快適なバスを提供できるのだと思っています」。

索引

数字・アルファベット

10 カード	27
2024 年問題	52,53
3 軸リヤエンジンバス	84
3 扉車	43
3 扉ツーステップバス	124
4HK1 型	114
6HK1 型	148
6M60 型	114
730 車	103
80 条バス	73
AMT	115
AT	115
AT 限定免許	129
A バス	97
BRT	62
BYD	100,105
CHASSE	94,95
CNG バス	49,51,85,96
CO_2	96,98
DB34A 型	114
DMV	18,19
ERIP	94,95
EV モーターズ	101
Fukuoka BRT	62
GPS	118
HFG	100
HIMR	92
IC カード	27,122
ID カード	118
IKEBUS	101
IP 無線	119
JR 九州バス	20,50
JR バス	50
KG Link	134
LED 表示器	120
MBECS	94
MM シャトル	72
NOx	96
NPO 日本バス保存会	79,82
OEM 供給	105,106,111
PTPS	61
QR コード	123
SORA	99
SUN Q パス	28,29
UD トラックス	77,106,111
V 型 8 気筒	114
ZF 社	90

ア行

アイ・ケイ・コーチ	77
愛知万博	98
アイドリングストップ	94
アイドリングストップ＆スタート装置	49
青森市営バス	71
あかいくつ	11
昭島市	97
阿佐海岸鉄道	18,19
旭川オートサービス	131
旭川電気軌道	7,83,84,90,114,124,131
アステローペ	83
圧縮天然ガス	96
アリソン	115

アルコールチェック	132,136
アルファバス	101
アルマ	126
安全研修センター	152,154
イージーマイル	126
飯田市	105
飯山市	73
行先表示器	120
石川島自動車製作所	37
いすゞ	115
いすゞ BF	80,81
いすゞ BX	79
いすゞ BXD	78
いすゞ FTR	79
いすゞ LR	96
いすゞ LV	88
いすゞ TSD	115
いすゞエルガ	96,110,114,115,124,137,139,148
いすゞエルガ J	108
いすゞエルガ LT	111
いすゞエルガ LV	90,91
いすゞエルガデュオ	112
いすゞエルガハイブリッド	110
いすゞエルガミオ	100,106,107
いすゞガーラ	111,138,150
いすゞガーラミオ	106
いすゞキュービック	96
いすゞ自動車	49,77,90,94,96,101
いすゞジャーニー	105
いすゞジャーニーQ	81
いすゞバス製造	77
いすゞプラザ	37
一日乗車券	28
一畑バス	16
一級整備士	130
一般貸切旅客自動車運送事業	65
一般乗用旅客自動車運送事業	65
一般乗合旅客自動車運送事業	65,66
茨城急行自動車	121
西表島交通	21,29
いわさきグループ	20
岩手県交通	8,44,79,111
岩手県北自動車	8,71
岩内バスターミナル	57
インターホン	119
ウイング神姫	104
浮田産業交通	9
宇治茶バス	15
宇和島自動車	19
上屋	58
運賃集中精算機	135
運賃箱	118,122
運転訓練車	52
運転士	54,144,152
運転士不足	52
運転免許	128
エアサス	115
エアサスペンション	138
エアロスターエコハイブリッド	93
エアロノンステップ HEV	93,94
営業区域	68
液晶表示器	120

越後交通	13
江ノ電バス	11,64,104
エムケイ	71
エルガ EV	101
エルガハイブリッド	93
遠州鉄道	29,56
おいでんバス	52,98
応急対応	139
大分交通	21
大型二種免許	52
大型バス	110
大型免許	128,141,144,152
大阪市営バス	41
大阪市交通局	86,96
大阪シティバス	31,71
オートマチック・トランスミッション	90,115,137
オートメイテッド・マニュアル・トランスミッション	115
小笠原村営バス	65
沖縄バス	21,103
小田急バス	39
小田原機器	122
オペレーター	126
親子バス	38
音声合成装置	118

カ行

回数券	26
改正道路交通法	50,51,52
快速バス	20
ガイドウェイバス	12,63
角形通風器	116
鹿児島交通	20,80
かしてつ BRT	63
片側ポール	59
片乗り入れ	27
神奈川中央交通	32,48,69,70,71,94,111,112,113,122,140
金沢自動車工業	77
カラー印刷	120
カルサン	101
川崎市営バス	71
川崎市交通局	11,49,71,94
川崎鶴見臨港バス	71,100
川重車体工業	47,77
川中島自動車	43
関越交通	59,81
観光周遊バス	12
観光タイプ	42
観光バス	65,85
関西電力	102
関東自動車	29
関東バス	41,43,69,72,107,124
関門急行バス	40
管理委託	70
基幹バス	12,25
気配り放送	118
北越後観光バス	13,91
北九州市交通局	100
北村製作所	77
岐阜乗合自動車	90
キャッシュレス決済	122

156

キャブオーバーバス	80
休校日運休	33
休息時間	53
キュービック	47
給油所	55
共同運行	69
京都急行バス	100
京都京阪バス	15
京都市営バス	41,71
京都市交通局	14,85,86
京都バス	27,58,71,74
許可制	51
均一運賃	23,25,43,122
近畿日本鉄道	39
近鉄バス	15,71,88,97
銀ブラバス	83
空調装置	116
草津町	79
区制	22
国頭村	73
国頭村営バス	21
国東観光バス	21
熊本桜町バスターミナル	57
組み合わせ式	26
グライドスライドドア	86
クレジットカード	122
軍用トラック	38,39
京王帝都電鉄	39,43,48,82,85,107
京王電鉄	50,108
京王電鉄バス	50
京王バス	68,69
京急りんどう号	83
京成電鉄	39,40,48,89,112,113
京成バス	109,113
系統設定器	118
京阪バス	31,39,45,65,91,110
京浜急行電鉄	40,48,83,88,90
京浜急行バス	11,111
京福バス	12
経路検索	32
気仙沼線 BRT	63
けん引免許	128,152
検索アプリ	32
研修センター	141
兼務運転士	136
広域公共路線バス	73
公営バス	50
郊外型	124
硬貨循環式	122
公共車両優先システム	61
降車ボタン	119
工場	55,136
高速バス	45,65,85
高知県交通	19
高知東部交通	19
交通バリアフリー法	51
高度経済成長	40,42,43
弘南バス	8
神戸市営バス	25,71
神戸市交通局	15,71,79,86,90
子会社	50
小型バス	104
黒煙	96,98

国際興業	26,39,69,87
国鉄	40,41,42,45,46,47
国鉄バス	39
国土交通省	66
国家総動員法	37
小湊鉄道	106
コミュニティバス	10,23,25,48,72, 101,104,107

サ行

サーモキング	117
最終バス表示	121
最西端のバス停	21
さいたま市	97
最東端のバス停	7
最南端のバス停	21
最北端のバス停	7
境町	126
サスペンション	115
座席	124
札幌市交通局	97
サブエンジン式	45,103,117
山岳運賃	22
三角バス	81
酸化触媒マフラー	94
三級整備士	130
産交バス	81
サンデン交通	16,29
三方シート	124
さんまバス	66
山陽バス	71
しーたんバス	104
試運転	139
ジェイ・アール北海道バス	7,50,70,97
ジェイ・バス	77
ジェイアール四国バス	50
ジェイアールバス関東	79,83,111,120
ジェイアールバス東北	71,85
時間外労働	53
磁気式カード	26,122
仕業	132
始業点検	132
始業点呼	133
四国交通	78
時刻表	32,33
四国旅客鉄道	47
自主点検	136
静岡鉄道	152
しずてつジャストライン	99,105,152
宍粟市	104
シティループ	25
次停車ランプ	119
自動運転	126
指導運転士	132
自動車運送事業	64
自動車運転業務	53
自動車科	131
自動車整備技能競技大会	149
自動車整備士	130
自動車整備士技能検定	130
市内循環バス	72
紙幣自動両替機能	122
シボレー	36

島田市コミュニティバス	105
事務員	54
事務所棟	55
シャーシーメーカー	76
車外 LED 行先表示器	118
車検整備	136
シャトルバス	112
車内案内表示器	118
ジャパンタローズ	51
ジャパンモビリティショー	101
受委託	70
終業点検	135
終業点呼	135
集電装置	102
受験資格特例教習	129
省営バス	37,39
じょうてつ	6
小豆島オリーブバス	19
常磐急行交通	42
助役	153
しらゆり型	58
シリーズ式	93
白色の LED	120
白ナンバー	65,73
神姫観光	65
新規参入	51
神姫バス	14,27,31,68,71,99,112,132
シンクトゥギャザー	101
新呉羽自動車工業	77
信南交通	82,105
深夜急行バス	46
深夜バス	46
信用先払い	25
水蒸気	98
すいせん型	58
水素	98
水素ステーション	99
スーパーハイデッカー	85
スカニア	111,112,113
スケルトン	47
スタッフ	132,145
スタンディーウインド	41
スバルビジターセンター	84
スピーカー	119
スペースランナー A	111
スペースランナー JP	108
墨田区	73
すみだ百景	73
すみまるくん	73
すみりんちゃん	73
スロープ板	49,51,88
青春号	113
制動エネルギー回生システム	94
整備工場	130
整備士	54,148
整備士長	136
西武観光バス	22,74,125
西武総合企画	64
西武バス	26,42,81,93,101, 105,125,126,136
整理券発行機	122
石油対日輸出抑制策	38
瀬戸内産交	17

洗車機 55
センターアンダーフロアエンジンバス
................................41,82
仙台市営バス 71
仙台市交通局 9,71,90,110,129
相互乗り入れ 68
宗谷バス 7,28,33
外ヶ浜町営バス 22
外ヶ浜町 73

タ行

ターゲットライトペイント 126
ターボチャージャー 114
ターンテーブル 59
代燃車 38
太平洋戦争 38
高梁市 79
多区間運賃 22,24,43,122
立川バス 72,106
タッチ決済 27
館林市 73
立山黒部貫光 102
ダブルデッカー 85,87
丹後海陸交通 15,22,23,28
団地路線 43
担当車 142
担当車制 129,151
蓄圧式ハイブリッドバス 49,51,94
知多乗合 101
着発検索 32
中央区 83
中型バス 106
中型免許 128,141
中型ロングバス 108
駐車場 55
ちゅうバス 48
長時間労働 53
朝礼 136
直列4気筒 114
直列6気筒 114
直結式 45,117
チョロQ 107
ツインライナー 113
ツーステップバス 124
通風装置 116
つくば万博 83,112
ディーゼルエンジン..................114
定額式 26
定期観光バス 65
帝国自動車工業 77
低床化 45
低床バス 85
低速トルク 115
デジタルタコグラフ 118
電気式ハイブリッドバス 49,51,92
電気バス 52,85,100,102,111
電照式 58
デンソー 117
東海自動車 48,78,83
東海バス 13,28
東急トランセ 144
東急バス 23,32,65,66,68,90,
109,110,144

東京BRT 10,62,112
東京瓦斯電気工業 37
東京急行電鉄 35,39,40,42,46
東京都交通局 10,36,38,46,49,82,83,84,
86,88,92,95,97,98,102,111,129
東京モーターショー..................98
統合モデル..................106,110,112
動態保存 103
東武鉄道 39,40,42,80
東武博物館 80
東武バス 52
東武バス日光 11
東北急行バス 42,45
道北バス 70
東名ハイウェイバス..................45
東陽バス 103
道路運送法 64,73
道路管理者 67
道路使用許可申請 67
道路占用許可申請 67
都営バス 38,41,44,61,68,71,74
徳島市交通局 18
徳島バス 18,19
徳島バス阿南 105
徳島バス南部 19
特装車 80,82
特大車 112
特定旅客自動車運送事業 65
都市型 125
都市型超低床バス 88
都市新バス 46
都心～郊外直通路線 39,40
特急バス 8,16,20
届け出制 51
鞆鉄道 79
トヨタDB 79
トヨタSORA 110
トヨタコースター 105
豊田市 98
トヨタ自動車 77,98
トヨタハイエースコミューター........81,104
豊鉄バス 13,89,107
ドライブレコーダー 118
トレーラーバス 35,39,113
トロリーバス 102
トロリーボール 102

ナ行

ナヴィヤ 126
長崎県営バス 71
長崎県央バス 71
長崎自動車 21
長電バス 27,106
長野電鉄 42
中乗り後払い 24
名古屋市営バス 41,71
名古屋市交通局 12,49,94
名古屋鉄道 90
菜の花バス 73
那覇交通 103
那覇バス 24
奈良交通 15,22,47,81,85,117
南海電気鉄道 39

南海バス 71
新潟交通 13,62,77,113
新潟交通佐渡 13,107
二井商会 36
ニーリング 115
二級整備士 130
西鉄バス 76
西鉄バス北九州 89
西鉄バス筑豊 48
西東京市 105
西東京バス 108,113
西日本ジェイアールバス 71
西日本車体工業 77,89
西日本鉄道 20,40,42,48,62,
89,96,109,128
二種免許 128,141,144,152
ニセコバス 57
日勤 136
日産180 80
日産キャラバスマイクロバス 104
日産自動車 77
日産シビリアン 105
日産ディーゼル 107
日産ディーゼルJP 85,89,108
日産ディーゼルRM 97
日産ディーゼルRN 107
日産ディーゼルRP 111
日産ディーゼルUA 90,96
日産ディーゼル工業........49,77,90,94,96
日産ディーゼルスペースアロー........111
日産ディーゼルスペースランナーRA...111
日産ディーゼルスペースランナーRM..106
日本最長路線 15
日本水郷観光自動車 124
日本ペイント 126
尿素SCRシステム 114
認可申請 66
ネオプラン 112
根室交通 7
燃料タンク 96
燃料電池バス 18,52,85,98
直方交通 48
乗合バス 64
ノンステップバス 49,51,85,87,89,90,
96,108,110,115,124

ハ行

バーコード 122
ハイデッカー 85,87
ハイバックシート 124
ハイブリッドバス 85
函館市営バス 50
函館市交通局 50
函館バス 6,50,93
箱根施設めぐりバス 51
箱根登山バス 51
バス運転士不足 51
バス営業所 54
バス共通カード 26
バス高速輸送システム 62
バスセンターカレー..................57
バス専用レーン 44
バスターミナル 57

バス停	58
バスの日	36
バス優先レーン	44
バスレーン	46,61
バスロケーションシステム	44,46,60,118
働き方改革	53
働き方改革関連法	53
ハチ公バス	23
八丈町営バス	29
バックカメラ	119
はとバス	71
はなバス	105
浜松駅バスターミナル	56
パラレル式	92
パワーステアリング	103
阪急バス	30,39,43,65,71,91,107,109,111
万代シテイバスセンター	57
萬代橋ライン	62,113
日田彦山線 BRT	63
左側通行	103
日野 BD	82
日野 BH	79
日野 BT	82
日野 CG	83
日野 RC	85
日野自動車	47,49
日野自動車工業	77,82,84,88,90,92,96,98
日野車体工業	47,77
日野セレガ	85,111
日野ブルーリボン	110,114
日野ブルーリボン HT	88
日野ブルーリボン HU	90
日野ブルーリボンシティ	88,97,111
日野ブルーリボンハイブリッド	110,112
日野ポンチョ	97,105
日ノ丸自動車	39,42,68
日野メルファ	106
日野リエッセ	97,105
日野リエッセ II	105
日野レインボー	106
日野レインボー II	106
日野レインボー HR	91,107,108
日野レインボー RJ	89
備北バス	16,79
標柱	58
ビルトインタイプ	117
広島電鉄	17,108,125
広島バス	17,124
フォード	36
福交整備	130
福島交通	9,89,130
富士急グループ	51
富士急山梨バス	96
富士号	84
藤沢神奈交バス	70
富士産業	84
富士重工業	77,83,84
普通一種免許	52
普通免許	128,141,154
部品発注	139
ふらのバス	7,107

フリー切符	28
フリー乗降制	44,74
フリー担当制	129
プリンセスライン	100
ブルーリボンシティハイブリッド	92
ブルーリボンハイブリッド	93
フルカラー	120
フルフラットバス	111
分割民営化	47
分社化	70
ベンチレーター	116
防長交通	17,88,104
法定整備	136
ポートループ	112
ホームページ	30,32
北鉄奥能登バス	12
北鉄金沢バス	12
北鉄白山バス	105
北陸鉄道	12,24,120
補助金	66,72
北海道中央バス	6,40,42,57,92,110
ボディメーカー	76
ボルグレン	111,113
ボルボ	83,112
ボルボ B10M	83
ボンネットバス	8,41,78

マ行

マイクロバス	79,81,84,105
前乗り先払い	25
前向きシート	124
幕張新都心	112
松本電気鉄道	49
松山高知急行線	47
マニュアル・トランスミッション	138
ママダイヤ	146
丸形通風器	116
三重交通	41,71
右側通行	103
三菱 MP	85
三菱 MR	84,114,124
三菱エアロエース	111
三菱エアロスター	89,97,110,114,137,140,144
三菱エアロスター MM	111
三菱エアロバス	111
三菱エアロミディ	138
三菱エアロミディ ME	105
三菱エアロミディ MJ	89,107
三菱エアロミディ MK	91,106,108
三菱エアロミディ S	106
三菱自動車	49
三菱自動車工業	77,90,94,96
三菱自動車バス製造	77
三菱重工	117
三菱ふそうトラック・バス	77
三菱ふそうバス製造	77
三菱ローザ	81,105,144
南アルプス市	73
宮城交通	9,71,99
ミヤコーバス	9
ミライ	98
ミラノス	98

ムーバス	48,72
無軌条電車	102
武蔵野市	72
武蔵村山市	72
無事故表彰	153
名鉄バス	71
名阪近鉄バス	106
メトロ窓	82
メルセデス・ベンツ	112
メロディーバス	74
モーター	98,102
モノコック	47

ヤ行

ヤーシン	101
八木新宮線	15
夜行便	41
山口市	104
山交タウンコーチ	150
山梨交通	27,73,87,96,101,148
ゆとりーとライン	63
養成運転士	140,154
用途外	125
横浜市営バス	25,41,71
横浜市交通局	11,52,54,87,92,95,99,104,109,120
読み取り装置	122

ラ行

ラインファン	116
ラッシュ型	125
リーフサス	115
陸上交通事業調整法	37,68
リクライニングシート	124
リニア・鉄道館	37
リフト	49,81,86
リフトつきバス	51,86
リヤエンジンバス	41,84
琉球バス	103
琉球バス交通	21
両替機	122
リンガーベル	48
臨時整備	137
冷房車	45,116
冷房装置	117
レトロ調バス	48,49,51,79,83
レベル 2	126
連節バス	52,62,83,112,132
労働基準法	53
路線図	30
ロングシート	124

ワ行

ワゴンタイプ	104
ワンステップバス	49,51,85,87,88,108,110,115,125
ワンマン化	43
ワンマンカー	41
ワンマン装置	118
ワンロマ	125

加藤 佳一
かとう よしかず

1963年東京都生まれ。東京写真専門学校（現東京ビジュアルアーツ）卒業。1986年に専門誌『バスジャパン』を創刊。1993年から『BJハンドブックシリーズ』の刊行を続け、バスに関する図書も多数編集。主な著書に『バスで旅を創る！』（講談社＋α新書）、『一日乗車券で出かける東京バス散歩』（洋泉社新書y）、『シニア バス旅のすすめ』（平凡社新書）、『バス趣味入門講座』（天夢人）、『昭和末期〜平成のバス大図鑑シリーズ』（フォト・パブリッシング）などがある。NPO日本バス文化保存振興委員会理事、日本バス友の会会員。

【写真提供】
下記を除いた写真は加藤佳一撮影。
旭川電気軌道 83／アルピコ交通 43／いすゞ自動車 37／上田穂高 101／大阪市交通局 41／小川和浩 153／沖縄バス 103／小田急バス 39／小田原機器 122,123／鹿児島交通 80／関東バス 41,43／京王電鉄 39,43,82／京成電鉄 40／京浜急行電鉄 40／四国交通 78／鈴木文彦 44,45,46,86／高橋勝巳 116,124／東急（株）35,40,42,145／東京都交通局 36,38,44,82,84,102／東武バス 41,42／日本国有鉄道 45／阪急バス 43／日ノ丸自動車 39,42,68／三重交通 41／三浦優輝 141／レゾナント・システムズ 119,121／山梨交通 149

【参考文献】
『日本のバス年代記』鈴木文彦（グランプリ出版）／『バスラマ・インターナショナル』各号（ぽると出版）

◎ブックデザイン：小川 純（オガワデザイン）
◎本文DTP　　：BUCH+
◎本文図版　　：熊アート

ずかん 路線バス大全

2024年10月26日　初版　第1刷発行
2024年12月12日　初版　第2刷発行

著　者　加藤佳一
発行者　片岡　巌
発行所　株式会社技術評論社
　　　　東京都新宿区市谷左内町21-13
電　話　03-3513-6150　販売促進部
　　　　03-3267-2270　書籍編集部

印刷／製本　株式会社シナノ

定価はカバーに表示してあります。
本書の一部または全部を著作権法の定める範囲を超え、無断で複写、複製、転載、テープ化、ファイルに落とすことを禁じます。
©2024　加藤 佳一

造本には細心の注意を払っておりますが、万一、乱丁（ページの乱れ）や落丁（ページの抜け）がございましたら、小社販売促進部までお送りください。送料小社負担にてお取り替えいたします。

ISBN978-4-297-14455-5　C0065
Printed in Japan

●本書に関する最新情報は、技術評論社ホームページ（https://gihyo.jp/book/）をご覧ください。下記QRコードからは、書籍情報ページ（https://gihyo.jp/book/2024/978-4-297-14455-5）へ直接アクセスできます。

●本書へのご意見、ご感想は、技術評論社ホームページ（https://gihyo.jp/book/）または以下の宛先へ、書面にてお受けしております。電話でのお問い合わせにはお答えいたしかねますので、あらかじめご了承ください。

〒162-0846　東京都新宿区市谷左内町21-13
株式会社技術評論社　書籍編集部
『ずかん 路線バス大全』係
FAX：03-3267-2271